Wandern
Abenteuer
Natur

Autor und Verlag übernehmen keine Verantwortung für eventuelle Beeinträchtigungen, die aus den hier angegebenen Erläuterungen und Übungen resultieren könnten.

Das “Du” als Ansprache ist mir in diesem Buch ein besonderes Anliegen. Mir ist auf meinen langen Wanderungen noch nie jemand begegnet, der mich oder den ich mit “Sie” angesprochen hätte. Ich möchte auch in diesem Buch nicht damit beginnen.

Dieses Buch ersetzt keine therapeutische Behandlung.

Umschlaggestaltung und Layout:
Corinna Öhler, Buchschmiede
Fotos: Roland Wiednig, Zoran Denic, iStock.

Druck und Vertrieb im Auftrag des Autors:
Buchschmiede von Dataform Media GmbH, Wien
www.buchschmiede.at - Folge deinem Buchgefühl!

Besuche uns online

ISBN:
978-3-99152-957-6 (Hardcover)
978-3-99152-959-0 (Softcover)
978-3-99152-958-3 (E-Book)

PRINTED IN AUSTRIA

ROLAND WIEDNIG

Wandern Abenteuer Natur

Abenteuerwandern
für Körper, Geist und Seele

DER AUTOR

Roland Wiednig, geboren 1963 in Österreich, Vater zweier Kinder, ist seit vielen Jahren als Experte für die Förderung von Lebenskompetenzen, für Gesundheitsförderung, Prävention und Konfliktklärung tätig. Er ist selbständiger Pädagoge und war auch für das Bundeskriminalamt und für Landeskriminalämter in Österreich als Bundeskoordinator für Sucht- und Gewaltprävention engagiert.

Er hat zahlreiche pädagogische Programme in den angeführten Bereichen für namhafte österreichische Unternehmen, für die Polizei, für Bildungseinrichtungen und für Gebietskörperschaften entwickelt, evaluiert, geschult und umgesetzt.

Als Abenteurer und Weitwanderer lässt er auch Aspekte aus den Bereichen Natur, Abenteuer und Wandern in seine pädagogische und psychosoziale Arbeit einfließen.

Auf seinen langen Abenteuerwanderungen durch Neuseeland, Lappland, durch die Kanaren und durch Österreich hat er viel erlebt und viel zu erzählen.

Als Autor wurde zuletzt sein Buch "Das Geheimnis des Conviction Effects, die Macht der eigenen Überzeugung" veröffentlicht.

DANKSAGUNG

Ein Buch zu schreiben ist eine spannende, aber auch eine herausfordernde Aufgabe. Ich habe sicherlich die Nerven vieler aus meinem Umfeld strapaziert, wenn ich wieder einmal keine Zeit für sie hatte oder Vereinbarungen nicht eingehalten habe.

Deshalb möchte ich mich bei meinen Kindern Laura und Michael, bei meiner Lebensgefährtin Elisabeth und bei vielen Personen aus meinem Umfeld bedanken, die meine tatsächlichen, aber auch meine geistigen Abwesenheiten toleriert und ausgehalten haben.

Ein großes "Dankeschön" den Leserinnen und Lesern meines ersten Buches "Das Geheimnis des Conviction Effects, die Macht der eigenen Überzeugung" und meiner Blogs zum Abenteuerwandern. Euer Feedback hat mich bestärkt dieses zweite Buch zu schreiben.

Herzlichen Dank an meine beiden Lektorinnen Johanna und Cordula. Was täte ich ohne eure hilfreiche, umfangreiche und unermüdliche Unterstützung bei meinen Texten!

Inhalt

Wandern, Abenteuer
und Naturerlebnis
führen in die innere Wildnis
und zur Entdeckung
des Selbst und des Seins.

Prolog

Meine Wanderung durch das ferne Neuseeland war ein wunderbares, aber auch extremes Abenteuer geprägt von Anstrengung, Entbehrungen, Einsamkeit und unglaublichen Naturerlebnissen. Zum Teil war ich tagelang unterwegs, ohne einer Menschenseele zu begegnen. Alles was ich brauchte, hatte ich im Rucksack auf meinen Rücken geschnallt. Die Einsamkeit und die ständige und unmittelbare Nähe zur Natur waren sehr heilsam - ein fantastisches Abenteuer - und ich erlebte dadurch eine beinahe unvorstellbare Metamorphose. Ich fühlte mich zum ersten Mal in meinem Leben völlig befreit von krankmachendem Stress, anstrengenden Verpflichtungen, Zwängen und unangenehmen Gefühlen.

Wie entsteht die Idee, ein Buch über das Wandern in Verbindung mit den dabei erlebten Abenteuern, unglaublichen Naturerfahrungen und den daraus resultierenden, vielfältigen Auswirkungen auf unser gesamtes Leben zu schreiben?

Sie entstand aufgrund einer ungewöhnlichen Mischung aus Schicksalsschlägen, der Sehnsucht nach einem guten Leben, einer kräftigen Portion Mut und der Suche nach Möglichkeiten, Krisen zu überwinden. Diese Mixtur führte mich auf einige lange und reinigende Wanderungen. Zum einen auf heilende Wanderungen zu mir selbst und zum anderen auf einsame und abenteuerliche Wanderungen durch wunderbare Länder, begleitet von atemberaubenden Naturerlebnissen.
Sie führte mich quer durch das ferne und wilde Neuseeland, durch das karge Lappland nördlich des Polarkreises, durch alle Kanarischen Inseln von Küste zu Küste und natürlich auch durch meine wunderschöne Heimat Österreich entlang des Zentralalpenwegs.

Wie alles begann:

Es gab eine Phase in meinem Leben, in der ich mental ein tiefes, dunkles Tal durchschritt, orientierungslos darin umherirrte und beinahe nicht mehr herausfand. Aber eben nur beinahe!

In dieser Zeit konnte und wollte ich nicht rational denken und handeln, weil mir Kraft und Einsicht fehlten. Zu meinem Glück verließ ich mich auf einen, wie sich später herausstellte untrüglichen Instinkt, dem ich vertraute. Dieser leitete mich, gab mir Mut und führte mich auf einem sehr abenteuerlichen Weg zurück zu Gesundheit, Zufriedenheit, Zuversicht und insgesamt zu einem positiven Leben. Ich fand eine Möglichkeit der physischen und psychischen Selbstheilung.

Diese Möglichkeit, dieser Weg, diese Entwicklung begann, als ich das Abenteuerwandern für mich entdeckte. Damals war es ein Experiment mit ungewissem Ausgang.

Es war im Jahr 2017, am Höhepunkt dieser Periode widriger Lebensumstände und absoluter Orientierungslosigkeit - schwierig zu verstehen und auch zu bewältigen. In dieser Phase entschied ich, aus der beschriebenen Intuition heraus, mich auf eine lange, anstrengende und einsame Wanderung durch ein fernes und exotisches Land zu begeben. Ich nahm mir eine berufliche Auszeit und durchwanderte von Dezember 2017 bis Mai 2018 das wunderbare Land Neuseeland am anderen Ende der Welt.

> Des Menschen wahre Heimat ist nicht das Haus, sondern der Weg, und das Leben selbst ist eine Reise, die zu Fuß zurückgelegt werden muss.
>
> BRUCE CHATWIN

Vom südlichsten Punkt des Landes, in Bluff, einem kleinen Hafenort, bekannt für die weltweit besten Austern, startete ich meine Wanderung Richtung Norden. Mein Abenteuer führte mich zu Fuß entlang des "Te-Araroa-Trails" bis zur 3040 Kilometer entfernten nördlichsten Spitze Neuseelands, nach Cape Reinga. Dort, wo sich die Tasmanische See mit dem Pazifischen Ozean vereinigt. Dort, wo sich der Legende nach die Seelen der verstorbenen Maori, der Ureinwohner Neuseelands, auf ihre letzte Reise zum Ort ihrer Vorfahren begeben.

Ich bin schlapp und ausgelaugt. Der mehr als 30-stündige Flug von München über Singapur nach Christchurch hatte es in sich. Endlich in Neuseeland, im "Land der langen weißen Wolke", Aotearoa wie es von den Maori, den Ureinwohnern Neuseelands, genannt wird. Endlich in Christchurch, der größten Stadt der Südinsel des Landes, die noch heute von einem schrecklichen Erdbeben aus dem Jahr 2011 gezeichnet ist. Noch ist einiges zu erledigen. Die letzten Vorbereitungen. Ich besorge mir in der Stadt Genehmigungen und Anmeldungen für die Nationalparks, eine Erlaubnis für die Nächtigung in Selbstversorgerhütten, einen Wasserfilter und noch einige andere Ausrüstungsgegenstände, die mir fehlen. Dabei genieße ich die aufrichtige Freundlichkeit und die Begeisterung der Einwohner, die Wanderern entgegengebracht wird, die sich aufmachen, um den Te-Araroa-Trail – "the long pathway" – zu bezwingen.

Bevor ich mich zu dieser Reise aufmachte, habe ich lange überlegt und abgewogen wo ich starten sollte. Im Norden oder im Süden. Letzendlich habe ich mich für die Süd-Nord Variante, die Northbound Variante entschieden. Ich werde im Süden des Landes starten und Richtung Norden wandern. Es ist nun Mitte Dezember, kurz vor Sommerbeginn. Ich möchte die schwierigen Passagen in den Bergen, die mich nach etwa 300 Kilometern die ganze Südinsel begleiten werden noch im Hochsommer bewältigen. Ich glaube, das geht sich mit dieser Variante gut aus.

Um von Christchurch zum südlichsten Punkt der Südinsel zu gelangen, fahre ich 10 Stunden mit einem öffentlichen Fernreisebus zum Startpunkt meiner Wanderung nach Bluff, einem kleinen und unspektakulären Ort an der Südküste Neuseelands. Es ist ein kalter, klarer und sonniger Tag. Die Antarktis lässt grüßen. Sie ist nicht allzu weit entfernt und das schlägt sich in den Temperaturen nieder. Ich nächtige im Foveaux Hotel, einem für neuseeländische Verhältnisse alten Gebäude, in dem ich der einzige Gast bin.

Die letzte Nacht vor meiner großen Abenteuerwanderung, allein in einem alten, gespenstischen Hotel mit leeren Zimmern und einem großen, leeren Aufenthaltsraum. Kein Mensch außer mir im Gebäude, denke ich mir, das ist ja mal eine gute Einstimmung auf mein langes und einsames Unternehmen. Selbst die Besitzerin, eine ältere Dame, die mir beim Einchecken über die Umstände erzählt, die sie als gebürtige US Amerikanerin nach Bluff verschlagen haben, ist nur kurz im Hotel und überlässt mich nach dem Einchecken meinem Schicksal. So kurz vor dem Start kommt mir das alles unwirklich und ein wenig verrückt vor, so wie mein Vorhaben selbst.

Da sich Neuseeland auf der südlichen Halbkugel unserer Erde befindet, gibt es einiges, das für mich ungewohnt ist. Zum Beispiel, dass es, gegenteilig zu Ländern der nördlichen Hemisphäre, im Süden des Landes kälter ist als im Norden. In Bluff lässt die Antarktis grüßen, während in Cape Reinga, meinem Ziel im Norden Neuseelands, das ich hoffentlich in einigen Monaten erreichen werde, ein subtropisches Klima herrscht. Wenn bei uns in der nördlichen Hemisphäre der Winter startet, beginnt in Neuseeland die Sommerzeit. Die Sonne zieht speziell in der kälteren Jahreszeit nicht im Süden ihren Bogen von Ost nach West, sondern im Norden. Alles sehr faszinierend, aber auch gewöhnungsbedürftig.

Mein Abenteuer kann beginnen. Aufgeregt, mit einem viel zu schwer bepackten Rucksack, aber extrem motiviert, starte ich von einer Stelle in Bluff, an der viele gelbe Wegweiser die Entfernung zu bekannten Städten anzeigen: London 18598 Km, Tokyo 9567 Km, Südpol 4810 Km....

Unglaubliche Gefühle überkommen mich, während ich meine ersten Schritte mache. Mir kommt vor, alle Glückshormone, die in meinem Gehirn zur Verfügung stehen, werden in einem Schwall ausgestoßen und überschwemmen mein emotionales Zentrum sintflutartig. Ich spüre eine Freiheit, wie ich sie noch nie erlebt habe. Das ist Gänsehaut pur. Ich spüre, wie genau diese in mehreren schauerartigen Wellen meinen Rücken befällt.

Mir wird schlagartig bewusst, ich habe 6 Monate Zeit für dieses Abenteuer. 6 Monate keine Verpflichtungen, keine Termine, kein Hetzen, keine Alltagssorgen, kein Stress. Nur Wandern und Natur. Herrlich! Es ist wie ein Aufbruch in ein befreites und entfesseltes Leben, ein Aufbruch ins Unbekannte, ein echtes Abenteuer.

Meine Wanderung durch das ferne Neuseeland war ein wunderbares, aber auch extremes Abenteuer geprägt von Anstrengung, Entbehrungen, Einsamkeit und unglaublichen Naturerlebnissen. Zum Teil war ich tagelang unterwegs, ohne einer Menschenseele zu begegnen. Alles was ich brauchte, hatte ich im Rucksack auf meinen Rücken geschnallt. Die Einsamkeit und die ständige und unmittelbare Nähe zur Natur waren sehr heilsam - ein fantastisches Abenteuer - und ich erlebte dadurch eine beinahe unvorstellbare Metamorphose. Ich fühlte mich zum ersten Mal in meinem Leben völlig befreit von krankmachendem Stress, anstrengenden Verpflichtungen, Zwängen und unangenehmen Gefühlen.

Das Wandern durch die wilde Natur führte mich in meine innere Wildnis, die noch viel ungestümer war als alles um mich herum.

Wieder zurück in meiner Heimat in Österreich kam es, wie es kommen musste. Ich war auf den Geschmack gekommen und es folgten noch andere Abenteuerwanderungen. Sie führten mich auf dem "Kungsleden", dem "Königspfad" von Abisko bis Hemavan, 440 Kilometer durch den schwedischen Teil von Lappland.

Etwa ein Jahr später wanderte ich über die sieben Hauptinseln des Kanarischen Archipels von Küste zu Küste und genoss das angenehme Klima und die Naturschönheiten dieser Inselgruppe.

Und während ich dieses Buch schreibe, führt mich ein Wanderabenteuer in mehreren Etappen über 1270 Kilometer quer durch mein Heimatland, das wunderschöne Österreich, entlang des Zentralalpenwegs.

Mittlerweile kann ich auch gut mit dem Zurückkehren umgehen. Auch das will gelernt sein. Vieles hat sich durch meine Wanderungen zum Positiven geändert und ich habe meine Krebserkrankung besiegt.

Solltest du selbst betroffen sein von widrigen Lebensumständen und schwierigen Lebensphasen, möchte ich dir mit diesem Buch das Abenteuerwandern in der Natur näherbringen. Die Gründe, warum ich überzeugt bin, dass Wanderungen in Verbindung mit Abenteuern und der Natur gute Möglichkeiten sind, Ausgeglichenheit, Zufriedenheit, Gesundheit und letztendlich ein gutes Leben zu erlangen, sind Gegenstand dieses Buches.

Solltest du in deinem Leben nicht betroffen sein von tiefen, dunklen Tälern, sondern dieses Buch aus anderem Interesse lesen, werden meine Thesen und Schlussfolgerungen, durch die Möglichkeit deiner objektiven Betrachtungsweise, umso interessanter für dich sein.

Dieses Buch versteht sich somit als etwas ungewöhnlicher, aber sehr praktischer Lebensratgeber und gleichzeitig als Lektüre für Wanderbegeisterte, die die von mir beschriebenen Wirkungen des Abenteuerwanderns bereits kennen und nun Bestätigung erfahren.

Alle Inhalte dieses Buches basieren auf meinen eigenen Erfahrungen oder auf Quellen, die von mir sorgfältig recherchiert und im Literaturverzeichnis angeführt sind. Aufgrund dieser Quellen und Erfahrungen ziehe ich meine Schlüsse, die gut überlegt und dennoch von mir gezogen und somit auch subjektiv geprägt sind. Dennoch, oder gerade deshalb, habe ich besonderen Wert darauf gelegt, dass die Schlussfolgerungen gut verständlich und nachvollziehbar sind.

Für mich wäre es eine große Freude, wenn du dir viel aus meinem Buch mitnehmen kannst und wenn ich Unterstützung geben kann zu einem glücklichen, zufriedenen und erfolgreichen Leben.

Ich weiß mittlerweile: „Es ist nie zu spät für einen ersten Schritt - nichts ist unmöglich.“

Ich habe mir meine besten Gedanken ergangen und kenne keinen Kummer, den man nicht weggehen kann.

SOREN KIERKEGAARD

Dimensionen des Abenteuer-wanderns

Die breite Palette der positiven Wirkungen, die die Dimensionen des Abenteuerwanderns auf uns und unser Leben haben, ist kaum zu überblicken. Allein auf alle gesundheitlichen Vorteile für unseren Körper einzugehen, würde mehrere Bücher füllen. Auch die umfassende Darstellung der Wirkung auf unsere Psyche wäre ein schier unmögliches Unterfangen.

Dennoch wird in diesem Buch der Versuch unternommen, auf die Bedeutung von Abenteuerwanderungen, also von Wandern, Abenteuer und Natur, für uns und unser Leben einzugehen. Jedenfalls kann gesagt werden: Die positiven Wirkungen reichen weit über die Stärkung von Körperfunktionen, Kräftigung von Körper und psychischer Stabilität und Heilung hinaus.

Abenteuerwandern! Was ist das eigentlich und was macht diese Form des Wanderns aus? Das werden sich einige von euch fragen.

Ich möchte es so beschreiben:

Eine Abenteuerwanderung ist eine lange und außergewöhnliche Wanderung durch eine weitgehend unberührte Natur, mit unvorhersehbaren und abenteuerlichen Ereignissen. Ein Erlebnis, das aufregend, manchmal anstrengend und nicht einfach zu haben ist und auf das man stolz sein darf.

Die Dimensionen, die ein solches Abenteuererlebnis ausmachen, sind:

Das Wandern,
das Abenteuer
und die Natur.

Das sind jene Elemente, die uns auf diesen Erlebnissen begleiten, uns unvergessliche Erlebnisse bescheren und die uns nachhaltig prägen. Die Emotionen, die dabei entstehen, werden bei dieser Prägung eine große Rolle spielen. Je nachdem, ob sie angenehm oder unangenehm sind, wird daraus eine neue Realität für unsere Zukunft entstehen, weshalb der guten Abstimmung der genannten Dimensionen eine bedeutende Rolle zukommt. Sind die Intensitäten gut bemessen, kann es zu einer großen Bereicherung in unserem Leben und zu einer nachhaltigen und positiven Entwicklung in vielerlei Hinsicht kommen.

> Jeder Mensch kann die Welt von einer eintönigen und langweiligen in eine aufregende und abenteuerliche Welt verwandeln.
>
> IRVING WALLACE

Die breite Palette der positiven Wirkungen, die die Dimensionen des Abenteuerwanderns auf uns und unser Leben haben, ist kaum zu überblicken. Allein auf alle gesundheitlichen Vorteile für unseren Körper einzugehen, würde mehrere Bücher füllen. Auch die umfassende Darstellung der Wirkung auf unsere Psyche wäre ein schier unmögliches Unterfangen.

Dennoch versuche ich in diesem Buch auf die Bedeutung von Abenteuerwanderungen, also von Wandern, Abenteuer und Natur, für uns und unser Leben einzugehen. Jedenfalls kann gesagt werden: Die positiven Wirkungen reichen weit über die Stärkung von Körperfunktionen, Kräftigung von Körper und psychischer Stabilität und Heilung hinaus.

Es wird auch ein oft zu wenig beachteter Prozess eingeleitet, der das Leben entscheidend verändern kann. Es kann eine persönliche Entwicklung angestoßen werden, die getragen wird von einer grundsätzlich positiven, liebenden, selbstbestimmten und eigenverantwortlichen Lebenshaltung: Der Gewissheit, das eigene Leben in großem Ausmaß selbst gestalten zu können – selbstwirksam zu sein. Diese Selbstwirksamkeit ist eine wichtige, wenn nicht eine der wichtigsten Lebensfertigkeiten und somit Voraussetzung für ein gutes, zufriedenes und erfolgreiches Leben.

Es scheint immer
etwas unmöglich
zu sein bevor
es getan wird.

NELSON MANDELA

Ich bin frei, denn ich
bin einer
Wirklichkeit nicht
ausgeliefert,
ich kann sie gestalten.

PAUL WATZLAWICK

Von den Wirkfaktoren Wandern, Abenteuer und Natur kann demnach die Lebensfertigkeit der Selbstwirksamkeit abgeleitet werden. Zum Beispiel das grundsätzliche Lebensverständnis zu denken, ein Stück hilfloses Holz im tobenden und reißenden Fluss des Lebens, oder eine gute Schwimmerin zu sein, die selbst Tempo und Richtung vorgibt, ist von ganz entscheidender Bedeutung für die Ausprägung dieser Fertigkeit.

Somit auch die Tatsache, ob Lösungen für Probleme konstruktiv, kreativ und eigenständig angegangen werden können, oder ob auf Reaktionen von außen gehofft wird, die oft ausbleiben oder unwägbare Entwicklungen mit sich bringen und Ohnmachtsgefühle und Resignation nach sich ziehen können.

Die Intensität der Dimensionen ist wie bereits erwähnt sehr bedeutungsvoll. Kleine Dosen, kleine Schritte, keine Überforderung. Wenn die Intensität nicht angemessen ist und es zu einer Überforderung oder gar zu Panik kommt, kann der Schuss nach hinten losgehen. Für viele ist schon der Gedanke an eine Abenteuerwanderung in der Natur ein riesiger Schritt heraus aus der Komfortzone. Ein solcher Schritt ins Neuland sollte immer wohldosiert und individuell gut geplant erfolgen. Bei Beachtung dieser wohldosierten Intensität kann eine Abenteuerwanderung in der Natur das Leben positiv verändern und eine Entwicklung einleiten, die bisher unmöglich erschien.

Dimension Wandern

Seit jeher wollen wir Menschen Neues entdecken, über den Tellerrand hinausschauen und Neuland erforschen. Das waren schon immer urmenschliche Eigenschaften und Bedürfnisse. Die Suche nach neuen Wegen und neuen Welten reizt uns Menschen seit Urzeiten und war uns lange Zeit nur zu Fuß möglich. Diese Suche, dieser Aufbruch geschah oft ohne konkretes Ziel und nur des Entdeckens wegen. Deshalb war bereits jedes neue Tal und jeder Berggipfel einem solchen Ziel gleichzusetzen. Diese Fülle an neuen Erlebnissen, gepaart mit körperlicher Anstrengung, beschert uns Menschen auch heute ein überwältigendes Gefühl von Freiheit und Glück. Kraft wird getankt und viele Alltagsprobleme zurückgelassen und nicht selten werden auf Wanderungen gute Lösungen für unüberwindlich geglaubte Alltagssorgen gefunden.

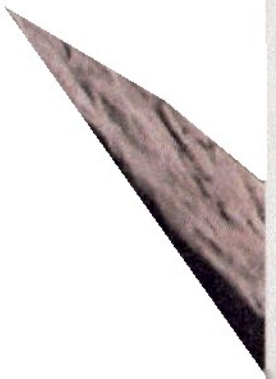

Wandern ist ein Gehen in unterschiedlichen Geschwindigkeiten, auf unterschiedlichem Terrain, dem Wetter und den Kräften der Natur ausgesetzt. Dieses Gehen ist eine Bewegung, die wir alle kurz nach unserer Geburt gelernt und im weiteren Verlauf unseres Lebens ständig trainiert und verbessert haben. Gehen kann jeder gesunde Mensch. Die Bewegung muss nicht erst aufwendig erlernt werden, wie beispielsweise ein bestimmter Schwimmstil, das Schifahren, Radfahren oder andere nicht alltägliche Bewegungsformen. Das ist einer der großen Vorteile des Wanderns. Es basiert auf einem Bewegungsablauf, der uns seit jungen Jahren geläufig ist.

Ein weiterer, großer Vorteil des Wanderns und somit des Gehens ist die Wirkung, die diese Bewegungen auf unseren Körper hat, ist er doch genau für diese konzipiert. Durch das Gehen werden Gelenke bewegt. Das ist nicht nur für unsere Gelenke gut, sondern auch für die dafür zuständige Muskulatur und die Knochen. Wenn wir an die Bewegung beim Wandern denken, kommen uns in erster Linie unsere Beine in den Sinn: Die Bewegung von Sprung-, Knie- und Hüftgelenk und somit die Aktivität der Beinmuskulatur. Allerdings muss auch der Oberkörper arbeiten. Er muss durch die Bauch- und Rückenmuskulatur stabilisiert werden und auch Schultern und Nacken haben ordentlich zu tun. Bei der Verwendung

Gehen ist eines der ersten Dinge die ein Kind tun möchte
und eines der Dinge, die man am schwersten aufgeben will.
Laufen ist eine Bewegung die keine Turnhalle braucht.
Es ist ein medizinisches Rezept ohne Medikament, es ist eine
Gewichtskontrolle ohne Diät und eine Kosmetik, die man nicht
chemisch beschreiben kann. Es ist ein Schlafmittel ohne
Tablette, eine Psychotherapie ohne Analyse und ein Ferientag
der fast nichts kostet. Außerdem trägt Wandern nicht
zur Umweltverschmutzung bei, verbraucht fast keine Rohstoffe
und ist hocheffektiv. Wandern ist bequem, es braucht
meist keine besondere Ausrüstung. Es reguliert sich von selbst
und ist kaum verletzungsträchtig.
Laufen ist so natürlich wie Atmen.

AARON SUSSMAN UND RUTH GOODE

von Wanderstöcken wird es noch einmal intensiver für den Oberkörper. Wandern ist somit ein Training für den gesamten Körper, für unsere Gelenke, Sehnen und Muskeln und für unsere Knochen.

Nun könnte man leicht auf die Idee kommen zu behaupten, wenn Gelenke und Muskulatur derart beansprucht werden, dann kann das nicht gut sein. Falsch! Schlecht wäre es für einen einigermaßen gesunden Menschen, wenn der Körper rund um die Uhr geschont werden würde. Unser Körper muss bewegt werden. Der bekannte Fitnesspapst Dr. Ulrich Strunz schrieb: „Sport verringert das Risiko früh zu sterben“. Eine bekannte Tatsache und dennoch eine gewaltige Aussage. Er bezog sich dabei unter anderem auf eine Langzeitstudie des Cooper Insituts for Aerobic Research. Dabei wurden in den USA 10.000 Männer untersucht. Die Forscher fanden heraus, dass in der Gruppe der Untrainierten dreimal mehr Männer frühzeitig starben als in der Gruppe der Fitten.

Das Wandern hat aber noch viele andere positive Aspekte. Zum Beispiel etwas, das seit frühen Zeiten tief in uns verankert ist.

Seit jeher wollen wir Menschen Neues entdecken, über den Tellerrand hinausschauen und Neuland erforschen. Das waren schon immer urmenschliche Eigenschaften und Bedürfnisse. Die Suche nach neuen Wegen und neuen Welten reizt uns Menschen seit Urzei-

Wandern ist eine Tätigkeit der Beine – und ein Zustand der Seele.

JOSEF HOFMILLER

Was ich nicht erlernt habe, das habe ich erwandert.

JOHANN WOLFGANG VON GOETHE

ten und war uns lange Zeit nur zu Fuß möglich. Diese Suche, dieser Aufbruch geschah oft ohne konkretes Ziel und nur des Entdeckens wegen. Deshalb war bereits jedes neue Tal und jeder Berggipfel einem solchen Ziel gleichzusetzen. Diese Fülle an neuen Erlebnissen, gepaart mit körperlicher Anstrengung, beschert uns Menschen auch heute ein überwältigendes Gefühl von Freiheit und Glück. Kraft wird getankt und viele Alltagsprobleme zurückgelassen und nicht selten werden auf Wanderungen gute Lösungen für unüberwindlich geglaubte Alltagssorgen gefunden.

Gleichzeitig, als Bonus, ist es ein wunderbares Körpertraining. Unser Geist wird dabei frei für Kreativität und oft auch für Spiritualität. Unglaubliche Naturerlebnisse und Tierbegegnungen können ihren Beitrag dazu leisten. Das Hamsterrad ist in weite Ferne gerückt und Stress bröckelt ab.

Auch der Reisejournalist Michael Vogeley meinte, Wandern sei der Wunsch auszubrechen und auch die Neugierde, um die nächste Ecke zu schauen. Das seien urmenschliche Eigenschaften. Wege würden entstehen indem wir sie gehen. Und je länger sie seien, umso zufriedener wären wir danach. Wandern sei ein elementares Erlebnis. Es sei die Kombination aus Müdigkeit infolge körperlicher Anstrengungen und der Freiheit im Kopf. Gleichzeitig sei es eine Charakterschule, in der Selbstvertrauen gewonnen, Kreativität entwickelt und Durchhaltevermögen geschult werden.

Ich kann mich dem nur anschließen. Wandern ist eine schier unerschöpfliche Quelle von emotionalen Erlebnissen und gerade deshalb eine intensive Schule für das Leben, in der viele positive Eigenschaften und Fähigkeiten entdeckt und nachhaltig gestärkt werden.

DIE LANGSAMKEIT DES WANDERNS

Die langsame Annäherung an einen Wald, einen Berg, ein Dorf ermöglicht es, alles was vor uns liegt Schritt für Schritt vertrauter zu machen. Wir können uns auf die bevorstehende Veränderung langsam einstellen und gewöhnen, herantastend, wie bei Menschen, die uns mit der Zeit ans Herz wachsen. Genauso ist es auch mit der Umgebung. Sie gewinnt mit einer Gemächlichkeit an Kontur, wird deutlicher, strukturierter und vertrauter. Es ist nicht so, dass wir die Umgebung erreichen, passieren oder verlassen. Nein, vielmehr werden wir Teil der Umgebung, die immer präsent ist und keinen Anfang und kein Ende hat.

Eine Dusche und rein in die Klamotten. Ein kurzes Frühstück, oft nur ein schneller Kaffee zwischen Küche und Garderobe. Dann ab ins morgendliche Verkehrsgetümmel. Die tägliche Hetze zum Arbeitsplatz. Dort wartet - nach kurzen Grußworten zu Kolleginnen und Kollegen - bereits ein Stapel unerledigter Dinge oder Arbeitsanweisungen, vermittelt zwischen Tür und Angel. Alles muss schnell gehen. Langsamkeit ist allen ein Gräuel, sie ist ein Unvermögen. Zeit ist Geld. Langsame fallen durch den Rost.

Ein Mittagessen ist nicht immer möglich. Meist wird es nur ein schneller - oft ungesunder - Snack im Stehen. Nach der Arbeit noch schnell ins Fitnesscenter, zum Yoga oder Spinning, einkaufen und dann ab nach Hause. Dort wartet bereits die Hausarbeit, der Partner und die Kinder. Danach oder zwischendurch private Mails und Social Media Accounts checken und noch schnell etwas posten. Entspannt wird dann beim Fernsehen oder vor dem Computer.

So oder ähnlich kann ein Arbeitstag aussehen. Manchmal bleibt kaum Zeit durchzuatmen, geschweige denn zum Entspannen. Eine permanente Stresssituation. Die vermeintlichen Ruhephasen am Smartphone sind in Wahrheit keine.

Hamsterrad, zum Teil selbstgeschaffen - nicht gesund und sehr belastend.

Eine willkommene Abwechslung zu solchen Tagen bietet die Langsamkeit des Wanderns. Die Entdeckung des Wanderns kann auch gleichzeitig die Entdeckung der Langsamkeit sein. Die geringe Geschwindigkeit beim Wandern ermöglicht es uns, aus unserem Verhalten, unserem Tun, unserem Beobachten,

Wenn Du es eilig hast,
gehe langsam.
LOTHAR SEIWERT

unserem Wahrnehmen und unserem Denken, Tempo heraus zu nehmen. Wir preschen nicht mehr mit 100 Sachen durch unseren Lebensalltag. Vielmehr reduzieren wir das Tempo auf Schrittgeschwindigkeit.

Viel zu langsam, werden sich viele denken und schon beim Lesen dieser Zeilen in Unruhe verfallen. Tatsächlich ist es für Ungeübte vorerst ungewohnt, aber nach einer entsprechenden Drosselung der Lebensgeschwindigkeit wird es in den meisten Fällen sehr angenehm. Man kommt auf den Geschmack.

Wir alle, die wir uns auf eine Wanderung in der Natur einlassen, werden die Wirkung der Langsamkeit spüren. Vieles verändert sich. Die Wahrnehmung wird anders, besser, geschärfter. Gerüche, Geräusche, angenehme Gefühle und die Umgebung werden uns in einer ganz anderen, einer intensiveren Art und Weise bewusst. Auch die Gedanken verändern sich. Zum Beispiel wie wir über uns und unsere Umwelt denken. Wir werden milder und umsichtiger, verzeihender, verständnisvoller und vor allem kreativer. Manchmal sprudeln wir geradezu über vor Ideen. Lösungen für vorher scheinbar unlösbar Geglaubtes kommen uns in den Sinn. Die Gedanken kreisen nach einiger Zeit nicht mehr ständig um unerledigte Dinge, Alltagsprobleme und Sorgen über die Zukunft.

Unsere Kommunikation verändert sich. Wir beginnen über Themen zu sprechen, die wirklich wichtig sind. Wir können plötzlich gut und ohne Ablenkungen zuhören oder wir schweigen einfach. Es ist wie das Eintauchen in eine andere Welt. Es ist Entspannung, Gleichklang, Glücklichsein und Zufriedenheit. Es ist die Entdeckung der Langsamkeit.

Die langsame Annäherung an einen Wald, einen Berg, ein Dorf ermöglicht es, alles was vor uns liegt Schritt für Schritt vertrauter zu machen. Wir können uns auf die bevorstehende Veränderung langsam einstellen und gewöhnen, herantastend, wie bei Menschen, die uns mit der Zeit ans Herz wachsen. Genauso ist es auch mit der Umgebung. Sie gewinnt mit einer Gemächlichkeit an Kontur, wird deutlicher, strukturierter und vertrauter. Es ist nicht so, dass wir die Umgebung erreichen, passieren oder verlassen. Nein, vielmehr werden wir Teil der Umgebung, die immer präsent ist und keinen Anfang und kein Ende hat.

Im Sommer 2019 begab ich mich auf eine wunderbare Abenteuerwanderung am Kungsleden (Königsweg) im hohen Norden Europas. Der Trail führte mich über 460 Kilometer durch den schwedischen Teil von Lappland, dem Land der Samen, wie man die Urbevölkerung dort nennt. Gestartet bin ich in Abisko, einer der nördlichsten Siedlungen Schwedens, 150 Kilometer nördlich des Polarkreises. Nach 4 Wochen unfassbarer Natur kam ich im kleinen Schiort Hemavan, nahe des Heimatortes der schwedischen Schilegende Ingemar Stenmark, an.

Es war eine lange Wanderung in einer völlig anderen, unbekannten, faszinierenden Natur und Umgebung. Die Sonne schien rund um die Uhr, keine Dämmerung, nur Tageslicht, 24 Stunden lang. Auch während des Höhepunktes der Nacht ließ das Licht kaum nach. Ihr könnt euch vorstellen, dass das für mich eine große Umstellung war. Dennoch konnte ich in den taghellen Nächten relativ gut schlafen. Das war den Anstrengungen des Tages geschuldet. Neben der ungewohnten Mitternachtssonne war auch alles andere fremd für mich. Die Landschaft war karg aber spektakulär und selbst im Juli teilweise mit Schnee bedeckt. Dort wo die Schneedecke den Sonnenstrahlen wich, war spärlicher, in schimmernden Grün-, Rot-, Gelb- und Brauntönen gefärbter Bewuchs sichtbar. Meist waren es unterschiedliche Moosarten. Kleine, lichte Wäldchen mit niedrigen Birken lockerten die Weite der Täler auf, die anfangs von mächtigen Bergen umrahmt waren. Häufig sah ich freilaufende Rentierherden und ab und zu Elche, um die ich respektvoll einen großen Bogen machte. Unglaublich beeindruckende Tiere. Die Sichtung von Bären und Wölfen oder gar eines seltenen und scheuen Polarfuchses blieb mir leider verwehrt.

Wir müssen nur den Mut aufbringen
zu entschleunigen, Langsamkeit zuzulassen,
uns Rückzugsräume zu erschaffen und zu reduzieren.
Dann finden wir zu Ruhe und Klarheit zurück,
die nötig sind, um zu erkennen, wie ein sinnvolles
und zufriedenes Leben aussieht.

WWW.EINFACHBEWUSST.DE

Ich befinde mich auf dem Abschnitt von Alesjaure über den Tjäktjapass zu den Singi Hütten. Der Weg führt durch spärlich bewachsene Täler. Diese Spärlichkeit ermöglicht mir einen ständigen und freien Blick auf die mächtigen, umliegenden Berge.

Ich habe eine schwer erträgliche Getriebenheit in mir. Ich will die einzelnen Etappen schnell abschließen, um meinen schweren Rucksack los zu werden, in

mein Zelt oder eine Hütte zu kommen und in meinen warmen Schlafsack zu kriechen. Das Wetter ist rau, auch im Juli, und die Wege sind teilweise schneebedeckt. Hohe Berge sind allgegenwärtig. Sie sind rechts und links meine ständigen Begleiter.

Ich beginne mich an diesen Bergen zu orientieren, meine Geschwindigkeit und mein Weiterkommen anhand von ihnen einzuschätzen und mir wird dabei meine Langsamkeit bewusst. Der Berg an meiner Seite ist nach einer, zwei, drei Stunden immer noch derselbe. Es ist, als würde ich nicht vorwärts kommen und auf der Stelle treten. Die Landschaft verändert sich kaum. Es ist in dieser ersten Phase meiner Wanderung für mich schwierig meiner Langsamkeit etwas abzugewinnen.

Unglaublich, wie geprägt ich von der Schnelligkeit meines herkömmlichen Alltags in Österreich bin, denke ich mir. Es fällt mir schwer anzuerkennen, ein derart Getriebener zu sein, dass ich die Langsamkeit der natürlichsten menschlichen Fortbewegung nur schwer aushalte. Dieses Gefühl der Getriebenheit, diese Ungeduld, diese Nachhaltigkeit des Hamsterrades legt sich zum Glück von einem Tag auf den anderen und ich kann die Langsamkeit, mit der ich mich fortbewege, plötzlich genießen. Ich werde achtsamer, bemerke die zarten Blumen und Pflanzen, die mir zuvor nicht aufgefallen sind, erspähe so manchen mächtigen Vogel über mir und höre das Rauschen des Wassers von Bächen und Flüssen, die mich begleiten. Die Berge um mich werden plötzlich interessanter, ihre Konturen und Formen werden mir bewusster und ich werde zu einem Teil dieser ganzen Szenerie. Endlich angekommen!“

WANDERN FÜR STARKE MUSKELN, KNOCHEN UND GELENKE

Da Körper und Geist gemeinsam als Einheit ein effizientes und kluges System darstellen, passt es sich den täglich vorgegebenen Anforderungen, Lebensumständen und Notwendigkeiten an. Alles was nicht gebraucht wird, kann vernachlässigt und abgebaut werden. "Use it or lose it", wie es so schön heißt. Sitzen wir den ganzen Tag lang auf der Couch, werden Muskulatur, Gelenke und die Stützung durch die Knochen kaum benötigt. Es ist im Interesse eines effizienten Systems, wie es der menschliche Organismus ist, Überflüssiges abzubauen. Es macht wenig Sinn, Energie für Systeme aufzuwenden, wenn diese nicht gebraucht werden. Denn Energie war über viele Jahrtausende hinweg ein rares Gut. Die Folge sind Muskelabbau durch permanente Bewegungslosigkeit, wenige Investitionen in die Konsistenz der Knochen und auch in die Ausstattung der Gelenke. Knochen werden schwach und brüchig, Gelenke verlieren ihre Beweglichkeit und die Muskulatur wird schwach. Diese sonst so lebenswichtigen Ausstattungen unseres Körpers haben keinen Wert für einen Organismus, der sich kaum bewegt. Diese Abbauprozesse schreiten rasch voran, wenn nichts dagegen unternommen wird.

Jahrzehnte unseres Lebens verbringen wir im Sitzen. Viele von uns sitzen an ihrem Arbeitsplatz, beim Treffen mit Freunden im Kaffeehaus oder zu Hause auf unserer Couch. Dabei starren wir in den Fernseher, aufs Smartphone oder in den Monitor unseres Computers, den Kaffee und die Snacks immer griffbereit. Wir bestellen uns Pizza, Burger & Co vom gemütlichen Sessel aus, den wir lediglich beim Entgegennehmen der Speisen kurz verlassen müssen. Wir sind über die letzten Jahrzehnte hinweg - der Technik sei Dank - sehr bequem geworden. Ein fataler Umstand.

Unser Körper ist nicht für dauernde Bewegungslosigkeit geschaffen. Im Sessel sitzend lassen wir unsere Muskulatur verkümmern, unsere Gelenke "einrosten" und unsere Knochen spröde werden. Auch alle unsere Körpersysteme leiden und erkranken durch diesen Umstand. Es braucht Bewegung, um unseren Körper gesund zu erhalten. Bewegung ist Leben. Sie ist seit Anbeginn tief in der menschlichen Natur verankert. Unsere Vorfahren haben nicht von der Couch aus das Wild erlegt oder Beeren und Früchte gesammelt. Sie mussten sich dafür viel bewegen.

Nun gibt es viele Bewegungsarten. Jede Menge Sportarten mit Bewegungsabläufen, die oft erst mühsam erlernt werden müssen. Eine davon, die ursprünglichste, natürlichste und einfachste ist das Gehen. Wir lernen es im Kleinkindalter und werden darin wirkliche Profis.

Nun kann gesagt werden, dass die große Bedeutung der Muskulatur für unseren Körper

Bewegung ist Leben und ohne Bewegung findet Leben nicht statt.

MOSHÈ FELDENKRAIS

unbestritten ist. Sie ist lebenswichtig. Ohne Muskulatur könnten wir uns nicht bewegen. Ohne sie könnten wir nicht einmal den kleinen Finger rühren. Sie ermöglicht uns eine aufrechte Körperhaltung und steuert viele Funktionen in unserem Organismus. Je höher die Qualität der Muskulatur desto besser sind Bewegung, Haltung und Körperfunktionen.

Unsere Skelettmuskulatur besteht aus mehr als 600 Muskeln. Diese Muskulatur wird mit zunehmendem Alter Jahr für Jahr weniger und weniger. Ja, genau - wir verlieren permanent Muskelmasse. Das beginnt bereits in einem Alter von etwa 30 Jahren. Gleichzeitig zeigt die Waage bei vielen von uns jedes Jahr mehr und mehr Körpergewicht an. Das heißt, unser Gewicht erhöht sich bei gleichzeitigem Verlust von Muskelmasse. Was bedeutet das? Genau, das Körperfett wird mehr. Und zwar nicht nur um das eine Kilo, das wir jährlich schwerer werden, sondern auch um das Gewicht, das die jährlich zurückgehende Muskelmasse ausmacht. Wir werden demnach von Jahr zu Jahr fetter und gleichzeitig schwächer. Dieser Umstand wird auf Dauer zu einer großen Belastung für unseren gesamten Organismus.

Die Forschung zeigt, dass Fitnesstraining diesem altersbedingten Muskelschwund ent-

> Wandern ist die vollkommenste Art der Fortbewegung, wenn man das wahre Leben entdecken will. Es ist der Weg in die Freiheit.
>
> ELIZABETH VON ARNIM

gegenwirken kann. Und die einfachste Form des Fitnesstrainings ist nun einmal das Gehen und somit auch das Wandern.

Durch ein Training wie das Gehen oder Wandern stärken wir unsere Bein-, Fuß- und Gesäßmuskulatur. Durch die permanente Stabilisierung des Oberkörpers wird auch unsere Bauch- und Rückenmuskulatur in Anspruch genommen und somit gestärkt. Verwenden wir dabei noch Wander- oder Nordic Walking Stöcke, kommt auch die Schulter-, Rücken- und Brustmuskulatur nicht zu kurz. Wir trainieren beim Wandern aber nicht nur unsere Muskulatur, sondern auch unsere Knochen, Gelenke und Bänder. Gesunde und stabile Knochen und Gelenke sind Garanten für ein gutes Leben. Zufriedenheit und Lebensfreude sinken, wenn Knie, Hüfte, Schulter oder andere Gelenke schmerzen. Leider passiert das eher früher als später bei chronischer Bewegungsarmut.

Dr. Ulrich Strunz schreibt in seinem Buch "77 Tipps für Rücken und Gelenke" Knochen, Muskeln und Gelenke sind stark, wenn sie regelmäßig und intensiv trainiert werden. Während des Sports braucht die Muskulatur Sauerstoff. Man atmet tiefer und schneller. Aber nicht nur die Muskelzellen werden mit

Sauerstoff versorgt, sondern alle anderen Zellen ebenfalls, auch die im Gehirn. Das bringt jede Zelle auf Trab und hält sie gesund. Gesundheit fühlt sich gut an, Gesundheit macht glücklich.

Da Körper und Geist gemeinsam als Einheit ein effizientes und kluges System darstellen, passt es sich den täglich vorgegebenen Anforderungen, Lebensumständen und Notwendigkeiten an. Alles was nicht gebraucht wird, kann vernachlässigt und abgebaut werden - use it or lose it, wie es so schön heißt. Sitzen wir den ganzen Tag lang auf der Couch, werden Muskulatur, Gelenke und die Stützung durch die Knochen kaum benötigt. Es ist im Interesse eines effizienten Systems, wie es der menschliche Organismus ist, Überflüssiges abzubauen. Es macht wenig Sinn, Energie für Systeme aufzuwenden, wenn diese nicht gebraucht werden. Denn Energie war über viele Jahrtausende hinweg ein rares Gut. Die Folge sind Muskelabbau durch permanente Bewegungslosigkeit, wenige Investitionen in die Konsistenz der Knochen und auch in die Ausstattung der Gelenke. Knochen werden schwach und brüchig, Gelenke verlieren ihre Beweglichkeit und die Muskulatur wird schwach. Diese sonst so lebenswichtigen Ausstattungen unseres Körpers haben keinen Wert für einen Organismus, der sich kaum bewegt. Diese Abbauprozesse schreiten rasch voran, wenn nichts dagegen unternommen wird.

Körper und Geist brauchen Bewegung, und eine einfache und auch schöne Möglichkeit zu mehr Bewegung ist es Wandern zu gehen.

Der Aufbruch zu meiner Wanderung am anderen Ende der Welt, durch das ferne und wunderbare Land Neuseeland, steht kurz bevor. Körperlich bin ich nicht in der besten Verfassung. Ich bringe 98 Kilogramm Körpergewicht auf die Waage. Bei einer Körpergröße von 180 Zentimetern ist das eindeutig viel zu viel. Ich fühle mich nicht wohl in meiner Haut. Kaum jemand in meiner Familie oder von meinen Freunden traut mir das bevorstehende Abenteuer zu. 3040 Kilometer zu Fuß mit Rucksack, Zelt und Schlafsack durch die Wildnis Neuseelands – unmöglich, meinen sie. Von den meisten werde ich milde belächelt. Sie geben mir eine Woche - dann würde ich aufgeben. Das macht mich ziemlich wütend und verunsichert mich gleichzeitig.

Die Wanderung ist hart. Kilometer um Kilometer kämpfe ich mich vorwärts. Nach dem ersten Tag kann ich mich kaum mehr auf den Beinen halten. Wenn ich mich setze fällt es mir schwer wieder aufzustehen. Die meisten

EXPED

werfen während der ersten Tage das Handtuch, habe ich gelesen, aber ich werde nicht aufgeben. Ich werde durchhalten.

Anfangs muss ich immer wieder Pausen machen, den Rucksack abnehmen und die Schultern lockern. Selbst kurze Anstiege werden mit dem schweren Rucksack und dem Zuviel an Körpergewicht zur Qual. Aber ich verliere jeden Tag mehr und mehr Körperfett und werde zugleich immer stärker und ausdauernder. Das Gewicht des 25 Kilogramm schweren Rucksacks macht mir immer weniger zu schaffen. Mein Körper hält die Spannung und mittlerweile schaffe ich 1000 Höhenmeter ohne Pause spielend. 25 bis 30 Kilometer am Tag in oft

schwierigem Gelände. Das Vertrauen in meinen Körper wird immer größer und ich spüre eine unglaubliche Kraft in mir. 3040 Kilometer und zigtausend Höhenmeter – ich werde es schaffen.

Ich kehre mit einem Körpergewicht von 74 Kilogramm, mit sehr geringem Fettanteil und einer sehr guten Kondition zurück nach Österreich. Vor der Wanderung machte mir mein Rücken immer wieder zu schaffen. Insbesondere der Lendenwirbelbereich. Ich hatte schlechte Blutwerte und auch meine Lungenkapazität ließ zu wünschen übrig. Kurz gesagt, ich wohnte in einem kranken, übergewichtigen Körper. Das machte sich vor allem auf den ersten 300 Kilometern meiner Abenteuerwanderung von Bluff bis Te Anau, dem Tor zu Fjordland, einer unglaublich schönen, zerklüfteten Landschaft im Südwesten Neuseelands, bemerkbar. Dazu kam, dass zu Beginn mein Rucksack noch 25 Kilogramm wog. Erst im Laufe des Trails verringerte ich das Gewicht nach und nach auf 17 Kilogramm. Rückblickend habe ich in dieser ersten Zeit Unglaubliches geleistet. Ich kann mich an Situationen erinnern, in denen ich nach Pausen kaum mehr aufstehen konnte. Meine Beine gehorchten nur schwer. Für Anstiege von wenigen hundert Höhenmetern brauchte ich unendlich lang und musste ständig rasten. Das "Rucksack runter und Rucksack rauf" zehrte an meinen Armen und Gelenken. Aber ich habe nie daran gedacht, das Handtuch zu werfen. Das war keine Option. Nach und nach wurde es immer leichter. Ich verlor Körperfett und gewann an Muskulatur, die Atmung funktionierte immer besser und ich hatte nicht mehr bei jedem Höhenanstieg das Gefühl, das Herz würde mir aus der Brust fliegen. Und irgendwann ging alles ganz leicht. Ein wunderbares Gefühl. Ich konnte mein Abenteuer genießen, fühlte mich fit und vogelfrei.

Als ich nach Österreich zurückkam, war ich in der Form meines Lebens, hatte beste Blutwerte, ein Sixpack wie man es sich nur wünschen konnte, 24 Kilogramm Körperfett verloren, eine nie gekannte Lungenkapazität und eine unglaubliche Kraft und Ausdauer. 800 Höhenmeter in der Stunde mit leichtem Gepäck schaffte ich spielend. Ich flog förmlich die Berge hinauf und noch heute profitiere ich von dieser ersten, langen Abenteuerwanderung. Es trat nicht nur eine körperliche, sondern auch eine geistige Veränderung ein, die sich Schritt für Schritt in meinem Alltag in Österreich etablierte. Zum Glück! Wer weiß, wo ich ohne dieses Abenteuer heute stünde!

WANDERN FÜR EIN LANGES LEBEN

Eine äußerst gute, abwechslungsreiche, kostengünstige und auch einfache Möglichkeit, durch Bewegung die Gesundheit und die Gedächtnisleistung bis ins hohe Alter zu erhalten und auch noch zu verbessern, ist nun einmal das Wandern. Insbesondere die Kombination aus Wandern, Abenteuer und Natur ist lebensverlängernd und erhöht zudem die Lebensqualität für jede Altersgruppe in hohem Ausmaß.
Um gesund zu altern, muss man keine komplizierten und kostspieligen Hochleistungssportarten betreiben. Wandern für ein langes und erfülltes Leben ist eine Investition, die sich auszahlt.

Neben unserem Gehirn und all unserer Körperfunktionen, einschließlich der Aufrechterhaltung der Körpertemperatur, verbrauchen auch unsere Muskeln ständig Energie. Im ruhenden Zustand und ganz besonders, wenn sie bewegt werden. Durch vorhandene Muskulatur und Bewegung derselben können überflüssige Pfunde dahinschmelzen, wodurch die Erhaltung oder Erreichung eines gesunden Körpergewichts ermöglicht wird. Demzufolge kann gesagt werden: Die Energiebereitstellung erhöht sich auf das jeweils notwendige Maß, abhängig von der vorhandenen Muskulatur und der Stärke und Dauer der Belastung.

Wenn, wie beispielsweise beim Wandern, die Muskulatur arbeitet, verbraucht sie demnach Energie, was überschüssige Pfunde zum Purzeln bringt und sie verbraucht auch wesentlich mehr Sauerstoff als im ruhenden Zustand. Dieser Sauerstoff muss über das Blut zur Verfügung gestellt werden. Um das zu gewährleisten, muss das Herz stärker pumpen, unser Herz- Kreislaufsystem wird mehr gefordert und somit auch besser trainiert.

Durch Bewegung und die dabei verstärkt arbeitende Muskulatur im Zwerchfell wird unsere Lungenkapazität vergrößert. Ebenso werden viele andere Körpersysteme, wie zum Beispiel das Nervensystem oder das Immunsystem, positiv beeinflusst. Unzählige Prozesse im Körper werden intensiviert, wodurch sie effizienter ablaufen.

Ein gesundes Körpergewicht mit entsprechender Muskulatur und wenig Körperfett, ein trainiertes Herz- Kreislaufsystem, eine gute Lungenkapazität, gut arbeitende Körperfunktionen. All diese Faktoren sind lebensverlängernd und erhalten oder verbessern die Lebensqualität bis ins hohe Alter. Sie verringern das Risiko, im Alter von vielen Krankheiten geplagt zu werden.

Immer mehr Menschen bewegen sich leider zu wenig. Die meisten von ihnen haben aufgrund ihrer Bewegungslosigkeit mit sich selbst und ihrem Leben zu kämpfen. Bewegungslosigkeit ist nicht nur ungesund, sondern verhindert oft auch in vielen anderen Bereichen ein gutes und zufriedenes Leben.

Gehen ist des Menschen beste Medizin.

HIPPOKRATES

Ernst Minar und Slaven Stekovic schreiben in ihrem Buch "Lebensmotor Bewegung": Menschen, die sich zu wenig bewegen haben einen rostigen Lebensmotor. Sie sind Patienten. Alle haben Schwierigkeiten mit den Blutgefäßen, Probleme mit dem Herzen und Beschwerden mit dem Herz-Blutkreislauf. Als wäre das nicht, genug steigt diese körperliche Inaktivität bei den betroffenen Menschen noch an. Eben weil sie schon angeschlagen sind, bewegen sie sich noch weniger. Laut Statistiken für Herzerkrankungen, Bluthochdruck, Diabetes, Depressionen oder Schlaganfall bekommen viele auch zusätzliche Erkrankungen der Blutgefäße und des Herzens.

Es ist schwer zu sagen, ob der Mangel an Bewegung die Erkrankung verursacht hat, oder die Erkrankung dann den Mangel an Bewegung hervorruft. Wo der Teufelskreis beginnt und endet, zeigt sich nicht exakt.

Auch unser Gehirn altert. Das fällt uns aber erst auf, wenn wir uns Namen nicht mehr merken und wir Dinge und Vereinbarungen vergessen. Es ist tatsächlich so, dass unsere Gehirne Jahr für Jahr schrumpfen. Mit zunehmendem Alter werden wir nicht nur vergesslicher, sondern auch unser Konzentrationsvermögen und unsere Flexibilität lassen merklich nach.

Was sehr lange zurückliegt, ist noch gut in Erinnerung. Je näher Ereignisse bei der Gegenwart liegen, desto mehr verschwimmen diese in unserem Gedächtnis. Das passiert deshalb, weil lang zurückliegende Erinnerungen in den alten aber guten Netzwerken unserer Jugend gut abrufbar gelagert sind. Bei den Erinnerungen an jüngste Ereignisse stehen die Netzwerke mit zunehmendem Alter auf wackligeren Beinen.

Hans-Otto Thomashoff, Psychiater, Psychoanalytiker und Psychotherapeut meint: Je größer und aktiver unser Gehirn ist, desto höher ist unsere Lebenserwartung und stellt dabei die Fragen: Was trainiert unser Gehirn? Was macht es groß und stark und dadurch unsere Lebenserwartung lang?

Antwort: Gezieltes Hirntraining und körperliche Bewegung zusammen haben nachweislich den besten Effekt auf unsere Hirnleistung.

Das bedeutet Bewegung, Gehen und Wandern trainieren das Gehirn und erhöhen die Hirnleistung!

> Der Mensch bleibt bis ins
> hohe Alter trainierbar,
> denn nur wer in Bewegung bleibt,
> kann altersbedingten Abbau-
> prozessen entgegenwirken.
>
> DR. UDO NIESTEN-DIETRICH

Leider wird in den Gesundheitssystemen immer noch verstärkt auf die Symptombekämpfung gesetzt und weniger auf Gesundheitsvorsorge und Prävention. Beispielsweise in den USA werden jährlich 860 Milliarden US Dollar für chronische Erkrankungen ausgegeben. Die Versorgung und Pflege der über 50-jährigen kostet in den Vereinigten Staaten eine knappe Billion Dollar im Jahr. 80% der chronisch Erkrankten könnten laut Statistik von Bewegung profitieren und viel Leid und Geld könnte den Menschen erspart werden.

Die meisten von uns haben die Entscheidungsmöglichkeit: Wir können uns für ein Investment in eine gesunde Zukunft durch Bewegung entscheiden, oder aber für Bewegungsarmut, Krankheit und Pillen.

Die Investition in Bewegung mag anstrengend sein, bringt jedoch einen hohen Profit, nämlich Lebensqualität und Lebenszeit.

Dr. Johannes Huber meint: „Was auch immer körperlich anstrengt, wirkt (...) wohltuend und lebensverlängernd wirkt jede Bewegung, bei der wir ins Schwitzen kommen und außer Atem geraten."

Bewegung ist Leben, raus aus der Couch!

Eine äußerst gute, abwechslungsreiche, kostengünstige und auch einfache Möglichkeit, durch Bewegung die Gesundheit und die Gedächtnisleistung bis ins hohe Alter zu erhalten und auch noch zu verbessern, ist nun einmal das Wandern. Insbesondere die Kombination aus Wandern, Abenteuer und Natur ist lebensverlängernd und erhöht zudem die Lebensqualität für jede Altersgruppe in hohem Ausmaß.

Um gesund zu altern, muss man keine komplizierten und kostspieligen Hochleistungssportarten betreiben. Wandern für ein langes und erfülltes Leben ist eine Investition, die sich auszahlt.

„Ich lerne auf meinen Wanderungen immer wieder Menschen kennen, die mir erzählen, wie schwierig ihr Leben verlaufen sei und wie sie über sehr lange Zeit einem ungesunden Stresslevel ausgesetzt waren. Seit sie jedoch auf dieser Wanderung seien, habe sich bei ihnen nach einiger Zeit ein sehr positives Gefühl eingestellt. Sie seien nun entspannt und seit langem wieder glücklich, zufrieden und zuversichtlich, was die Zukunft anbelangt.
Ihr Geist sei zur Ruhe gekommen und sie seien mit sich selbst ins Reine gekommen. Ohne Hader und ohne Beschuldigungen. Die Vergangenheit sei das eine, die Gegenwart und die Zukunft das andere.
Auf meinen Wanderungen berichten mir Menschen, denen ich begegne oder die mich ein Stück begleiten, dass sie neben all den angenehmen, positiven Gefühlen und der besseren Stimmung schon lange nicht mehr so gut geschlafen, einen wesentlich besseren Appetit und weniger Beschwerden mit chronischen Erkrankungen hätten. Horst, der mich einige Tage auf meiner Wanderung durch Lappland begleitet, erzählt mir voller Begeisterung, er habe seine Neurodermitis weggewandert."

Wir haben in den letzten Jahren einige Krisen miterlebt und die bedrohlichste, die Klimakrise, wird uns wahrscheinlich noch sehr lange begleiten. Wir haben auch erlebt, was diese individuell unterschiedlichen und schwierigen Ereignisse mit uns machen. Wie sie uns beeinträchtigen und vor Herausforderungen stellen. Die ständige Konfrontation mit solchen Situationen kann zu einer starken psychischen Belastung, Einschränkungen und zu krankmachendem Dauerstress führen.

Deshalb: Raus aus ungesunden Lebensumständen und Stresssituationen!

Auf der Suche nach Bewältigungsstrategien für solche Belastungssituationen sollten wir die zahlreichen Studien und wissenschaftlichen Untersuchungen beherzigen, die die Bedeutung von Bewegung in Zusammenhang mit derartigen Belastungen in den Fokus rücken. Viele davon bescheinigen einer doch relativ einfach verwirklichbaren Möglichkeit eine besondere Wirkung: dem Wandern in der Natur. Diese Art der Bewegung hat einen großen, positiven Einfluss auf unsere geistige Gesundheit. Beispielsweise können durch Wanderungen Stresshormone im Körper reduziert werden. Das ist essentiell für die Balance zwischen Anspannung und Entspannung.

Belastung und Entlastung, Anspannung und Entspannung sind wie Yin und Yang. Zwei entgegengesetzte Kräfte, die dennoch in Beziehung zueinander stehen. Beides braucht es für ein funktionierendes und erfülltes Leben. Sie ergänzen einander.

Bei Stress, ebenso wie bei Angst, die mit Stress oft einhergeht, wird Adrenalin ausgeschüttet. Dieses Hormon aktiviert unseren Körper blitzschnell. Der Puls erhöht sich dabei, um möglichst viele Nährstoffe und Sauerstoff rasch in unserem Körper zur Verfügung zu stellen. Speziell Arme und Beine werden reichlich damit versorgt, um schnell weglaufen oder sich "mit Händen und Füßen" wehren zu können. Der Blutdruck steigt und die Wahrnehmung wird geschärft, allerdings nur mit dem Fokus auf die jeweilige Stress- und Gefahrensituation. In anderen Belangen können wir nicht mehr klar denken. Wir haben das sogenannte "Brett vor dem Kopf". Wir befinden uns in einem Flucht- oder Angriffsmodus ("Flight or Fight-Modus"), der in manchen Situationen lebensentscheidend ist. Durch diese Vorgänge in Körper und Geist werden wir leistungsfähig, um aktiv Gefahren begegnen zu können.

Neben Adrenalin wird in solchen Stresssituationen auch das Hormon Cortisol in entsprechenden Mengen von unserem Organismus bereitgestellt. Es wird in den Nebennierenrinden gebildet und kann im Körper überall hin gelangen und ungehindert in sämtliche Zellen eindringen. Im Gehirn fördert das Hormon aggressives Verhalten, um im Falle eines Kampfes Hemmnisse zu überwinden und für den bevorstehenden Kampf gewappnet zu sein. Gleichzeitig bewirkt es eine Anpassung an eine als gefährlich erlebte Umwelt und aktiviert unsere Immunzellen, um gegen Verletzungen besser geschützt zu sein.

Früher, als wir dem Säbelzahntiger gegenüberstanden, waren genau diese Hormone notwendig, um zu überleben. "Flucht oder Kampf" lautete die Devise. Darauf waren und sind wir ausgerichtet und nur so hatten wir eine Chance. Diese Zeit, auch wenn sie lange zurück liegt, steckt uns noch in den Knochen.

Heute sind unsere Säbelzahntiger die überfüllte Straßenbahn, der Chef, unerledigte Aufgaben, ein bevorstehendes Gespräch, negative Gedanken, Versagensängste, Phobien und viele andere Dinge, die uns belasten und vor große Herausforderungen stellen.

Im Falle des Säbelzahntigers mussten wir flüchten, auf einen Baum klettern oder gegen ihn kämpfen. Wir mussten uns intensiv bewegen. Haben wir das überlebt, war die Stresssituation vorüber und durch die körperlichen Anstrengungen, die dieser Überlebenskampf mit sich brachte, wurden die Stresshormone schnell abgebaut und die über die Maßen in unseren Körper gepumpten Nährstoffe und der Sauerstoff verbraucht. Wir konnten uns wieder entspannen. Auf Anspannung folgte somit Entspannung.

Bewegung war demnach von Anbeginn der Menschheitsgeschichte ein lebenswichtiger Teil unseres Seins.

Aber was passiert, wenn Adrenalin und Cortisol über längere Zeit ausgeschüttet und nicht abgebaut werden? Wenn sich diese Hormone im Körper und Geist aufgrund von Dauerstress und chronischer Alarmbereitschaft breit machen? Was geschieht, wenn der "Säbelzahntiger" allgegenwärtig ist, real als Bedrohung oder nur in unserer Vorstellung?

Puls und Blutdruck sind dann permanent hoch, die Aufmerksamkeit und Anspannung ist ständig groß und unsere Immunzellen sind dauerhaft auf der Suche nach Gefahrenquellen. Körperfunktionen wie das Hormonsystem, Nervensystem, Immunsystem, Herz-Kreislaufsystem, Verdauungssystem und Atmungssystem werden über Gebühr beansprucht und negativ beeinflusst. Es entsteht ein insgesamt extrem ungesunder Zustand. Auch für unser Gehirn. Wissenschaftler haben in Tierexperimenten herausgefunden, dass chronisch gestresste Ratten deutlich an Gehirnstruktur und Gedächtnisleistung verlieren. Im Laufe der Zeit zeigen sich solche Tiere zusätzlich antriebslos und depressiv.

Nach Stresssituationen und ganz besonders bei Dauerstress hilft Bewegung. Eine Wanderung in der Natur kann dabei Wunder bewirken und unser Adrenalin- und Cortisollevel auf ein gesundes Maß reduzieren. Der "Fight or Flight Modus" wird abgeschaltet und wir können endlich entspannen.

Die größten Ereignisse, das sind nicht unsere lautesten, sondern unsere stillsten Stunden.

FRIEDRICH WILHELM NIETZSCHE

Ich lerne auf meinen Wanderungen immer wieder Menschen kennen, die mir erzählen, wie schwierig ihr Leben verlaufen sei und wie sie über sehr lange Zeit einem ungesunden Stresslevel ausgesetzt waren. Seit sie jedoch auf dieser Wanderung seien, habe sich bei ihnen nach einiger Zeit ein sehr positives Gefühl eingestellt. Sie seien nun entspannt und seit langem wieder glücklich, zufrieden und zuversichtlich, was die Zukunft anbelangt. Ihr Geist sei zur Ruhe gekommen und sie seien mit sich selbst ins Reine gekommen. Ohne Hader und ohne Beschuldigungen. Die Vergangenheit sei das eine, die Gegenwart und die Zukunft das andere.

Auf meinen Wanderungen berichten mir Menschen, denen ich begegne oder die mich ein Stück auf meinen Abenteuerwanderungen begleiten, dass sie neben all den angenehmen, positiven Gefühlen und der besseren Stimmung schon lange nicht mehr so gut geschlafen, einen wesentlich besseren Appetit und weniger Beschwerden mit chronischen Erkrankungen hätten. Horst, der mich einige Tag auf meiner Wanderung durch Lappland begleitet, erzählt mir voller Begeisterung, er habe seine Neurodermitis weggewandert.

Auch ich spüre den Unterschied bereits nach einigen Tagen Wandern an meiner Zufriedenheit, meiner Gelassenheit und der Art wie ich denke, handle und wie ich an Dinge herangehe.

Grundsätzlich: Es kann gesagt werden, dass Bewegung mit der psychischen Gesundheit zusammenhängt. Bewegungsmangel sorgt dafür, dass es uns psychisch schlechter geht. Das kann zum Teufelskreis werden. Denn Menschen, die mit ihrer psychischen Gesundheit kämpfen, sind kaum motiviert Wandern zu gehen oder sich sonst zu bewegen und schlittern mehr und mehr in depressive Verstimmungen. Das kann zu ernsthaften Erkrankungen des Geistes (und des Körpers) führen. Unzählige Studien belegen mittlerweile, dass körperliche Aktivitäten stark mit unserer psychischen Verfassung korrelieren. Beispielsweise bei Depressionen ist das Wandern in der Natur eine gute Behandlungsmethode. Die Patienten brauchen oft neben notwendigen Medikamenten auch regelmäßige Bewegung. Bewegung heilt den Geist und “Doktor Wandern” ist der beste Therapeut. Durch viele Untersuchungen und wissenschaftliche Arbeiten, die sich mit dem Thema Psyche und Bewegung beschäftigten, wurde klar: Wandern lindert neben Depressionen auch Panikattacken, Angst- und Schlafstörungen, Suchterkrankungen und sogar die Libido kann dadurch positiv beeinflusst werden.

> Wandern entfernt uns von den Zwängen und bringt uns dem Wesentlichen näher.
>
> MICHAEL SÄNGER

Ein anderes Kapitel schlug die Neurowissenschaftlerin Dr. Manuela Macedonia auf. In ihrem Buch “Beweg Dich! Und dein Gehirn sagt danke” fasste sie sehr eindrucksvoll zusammen, welch große Bedeutung Bewegung für die Bildung neuer Nervenzellen (Neuronen) im Gehirn hat. Dieser Vorgang wird in der Fachwelt Neurogenese genannt. Diese Neubildungen sind notwendig, da laufend Zellen im Gehirn absterben. Ganz besonders, wenn wir beispielsweise eine Krankheit haben, Stress ausgesetzt sind, Alkohol trinken oder zu wenig schlafen. Die Bildung neuer Nervenzellen ist für die Erhaltung eines gesunden und leistungsfähigen Gehirns unbedingt notwendig.

„Neue Neuronen sind das Material, mit dem am Gehirn Reparaturen und Instandhaltungsarbeiten durchgeführt werden, im übertragenen Sinn vergleichbar mit neuen Ziegeln für ein Haus, das in die Jahre gekommen ist.“

Diese Erkenntnisse von Manuela Macedonia decken sich mit den im vorangegangenen Kapitel beschriebenen Aussagen von Hans-Otto Thomashoff: „Je größer und aktiver unser Gehirn ist, desto höher ist unsere Lebenserwartung.“

Wo keine Bewegung ist,
herrscht Verfall.
Das Gemisch im
Becher zersetzt sich,
wenn es nicht
geschüttelt wird.

HERAKLIT

Bestätigt werden diese bisher angeführten Erkenntnisse auch durch eine Untersuchung, durchgeführt im Jahr 2020 von der Southwestern University in Georgetown, mit Patienten, bei denen sich erste Anzeichen von Demenz bemerkbar machten, beziehungsweise, die ein hohes Risiko hatten an Alzheimer zu erkranken. Bereits moderate Spaziergänge von einer halben bis dreiviertel Stunde, dreimal in der Woche, verbesserten deren Gehirnfunktionen und Lernfähigkeit deutlich.

Unser Gehirn ist die Leitzentrale für unseren Körper. Auch, und speziell die Muskulatur wird durch unser Gehirn gesteuert. Das Gehirn schafft an und der Körper reagiert. Mittlerweile weiß man jedoch auch, dass das keine Einbahnstraße ist. Es funktioniert auch in die andere Richtung. Der Körper drückt etwas aus und das Gehirn und besonders unsere Emotionen reagieren. Die Aktivierung von Muskelgruppen kann sich somit positiv, aber natürlich auch negativ, auf unsere Stimmung auswirken.

Versuche deine Lachmuskeln im Gesicht zu aktivieren und mache das ein paarmal hintereinander und deine Stimmung wird sich heben. Unser Geist verbindet die Aktivierung der für das Lächeln zuständigen Gesichtsmuskeln mit Freude und Zufriedenheit, und ausgelassenes Lachen mit Spaß. Strecke beide Arme in die Höhe, so als hättest du gerade ein Tor geschossen oder im Lotto gewonnen. Deine Stimmung wird sich deutlich heben, obwohl du weder am Fußballplatz stehst, noch Lotto gespielt hast.

Was ich damit sagen will, ist, dass es mittlerweile unzählige Hinweise gibt, die den Einfluss von Muskulatur und Bewegung auf unser Gehirn und auf unsere Stimmung bestätigen.

Nun ist es eben eine Tatsache, dass unser Gehirn mit den Jahren an Leistungsfähigkeit verliert. Leider auch jene Region des Gehirns, die für die Neurogenese zuständig ist. Das heißt, von Jahr zu Jahr sterben mehr Nervenzellen ab bei gleichzeitigem Effizienzverlust der Neurogenese. Wir verlieren an Gehirnstruktur - Tag für Tag – und gleichzeitig wird es immer schwerer, diese zu erneuern.

Zu unserem Glück gibt es ein Mittel, das diese Entwicklung verzögert: Die aerobe Ausdauerbewegung. Eine solche - und noch dazu eine attraktive - ist, wie könnte es anders sein, das Wandern.

Damit halten wir unser Gehirn auf Trab! Es wirkt sich auf unsere Neurogenese positiv aus und somit auf die Neubildung von Gehirnzellen. Der altersbedingte Leistungsverlust des Gehirns kann dadurch entscheidend gebremst werden und wir können einen gesunden und wachen Geist bis ins hohe Alter erhalten.

Geh Wandern, für einen gesunden und wachen Geist!

WANDERN FÜR GESUNDE ZELLEN

Es war schon immer klar, dass wir bis zu einem gewissen Grad für unsere Gesundheit und unser Leben selbst verantwortlich sind. Aber durch die Erkenntnisse, gewonnen aus einem relativ jungen Wissenschaftszweig, der Epigenetik, wurde es nochmals deutlicher und klarer. Wir können unser Leben und unsere Gesundheit und alles was uns ausmacht, positiv beeinflussen, indem wir unsere Überzeugungen, unsere Gedanken, unsere Bewegungsgewohnheiten und somit unseren Lebensstil ändern. Das ist eine absolut positive Nachricht. Dementsprechend können wir mit jeder Wanderung unser Leben ein kleines Stückchen verbessern.

Bewegung ist vom Beginn des Lebens an ein Teil unseres Seins. Ist man früher noch davon ausgegangen, dass wir im Mutterleib friedlich schlummern, weiß man zumindest seit den Ultraschalluntersuchungen, welche akrobatischen Leistungen wir im Mutterleib schwimmend vollbringen. So sind schon in der 8. Schwangerschaftswoche Bewegungen von Armen und Beinen möglich. In der 9. und 10. Schwangerschaftswoche sind Nervenzellen und Muskeln so weit entwickelt, dass wir uns ungezielt bewegen können. Im 5. Schwangerschaftsmonat sind diese Bewegungen für die Mutter bereits deutlich zu spüren.

Im Kleinkindalter geht dieser Bewegungsdrang weiter. Wir strampeln, unsere kleinen Ärmchen sind in ständiger Bewegung und wir können es kaum erwarten, krabbelnd und später aufrecht auf zwei Beinen die Welt zu erkunden. Dieses Erforschen der Welt und die Befriedigung unseres Drangs nach Exploration sind nur durch Bewegung möglich. Ebenso wird die Entwicklung unseres Körpers und unseres Geistes durch diesen Bewegungsdrang gewährleistet.

„Auch zur Entwicklung des Denkens ist die Entwicklung der Motorik eine wichtige Voraussetzung“, meinte Prof DDr. Manfred Spitzer, Mediziner, Psychologe, Philosoph und habilitierter Facharzt für Psychiatrie, vor einigen Jahren bei einer Veranstaltung in Linz/Österreich mit dem bezeichnenden Titel “Brainjogging - Geistig gesund durch Bewegung”. Im Zuge eines dort geführten Interviews meinte er zum Thema “Ein gesunder Geist in einem gesunden Körper”: „Wer nicht rückwärts laufen kann, kann auch nicht rückwärts zählen. Wer im Kindergarten besonders viele Fingerspiele durchführt, ist als Erwachsener besser

Das Leben ist wie
Fahrrad fahren.
Um die Balance zu
halten, musst du in
Bewegung bleiben.

ALBERT EINSTEIN

in Mathematik. Wer Objekte seiner Umwelt aktiv mit den Händen "be-greift", kann besser über die Objekte nachdenken. Kinder, die sich viel in der freien Natur bewegen, sind geistig aufnahmefähiger."

Referent, Prim. Dr. Rüdiger Kisling, Facharzt für physikalische Medizin, stieß damals zu diesem Thema in dasselbe Horn: „Vergessen Sie Pülverchen, Tropfen oder Spritzen! Das, was Sie geistig und körperlich wirklich jung hält, ist Bewegung".

Bewegung ist Leben, so kann man das getrost bezeichnen. Alles in uns und um uns ist auf Bewegung ausgerichtet. Und das ist gut so. Somit ist es keine Überraschung, dass auch unsere Zellen von dieser Bewegung profitieren. Diesbezüglich meint DDr. Johannes Huber, Professor der Medizin: „In fast allen Geweben des erwachsenen, menschlichen Körpers gibt es sogenannte adulte Stammzellen. Sie tragen zeitlebens zur Erneuerung der Gewebe bei und können sich bei jeder Zellteilung selbst erneuern. Die adulten Stammzellen des Knochenmarks erneuern zum Beispiel die Zellen des für ein langes, gesundes Leben so wichtigen körpereigenen Immunsystems: die Lymphozyten. Sie werden mit zunehmendem Alter jedoch immer funktionsuntüchtiger. Ein Prozess, dem nichts so effektiv entgegenwirkt wie Bewegung. Doch auch auf unsere Gedächtnisleistung wirkt sich Bewegung positiv aus. Sie kann sogar Alzheimer vorbeugen."

Unzählige Fachartikel weisen auf die Bedeutung von Bewegung - sei es nun Laufen, Gehen, Wandern oder andere Aktivitäten - auf unsere Gesundheit, ein langes Leben, unsere geistige Fitness, die Abwehr von Erkrankungen und die Genesung hin. Dass Bewegung dabei auch einen Einfluss auf unsere Zellen und die permanent ablaufende Zellerneuerung hat, scheint einleuchtend.

Beispielsweise wird das Leben einer Zelle zu einem großen Teil durch ihre Umgebung bestimmt. „In jeder einzelnen Zelle werden die Mechanismen des Lebens von der Wahrnehmung ihrer Umgebung, also durch Umweltreize, in Gang gesetzt", meint der Mediziner und Zellbiologe Dr. Bruce Lipton.

Es passiert eine ständige Reaktion unserer Zellen und Gene auf unsere Umwelt. Unser Überleben ist nur durch eine ständige Anpassung auf unsere Umwelt gesichert. Unsere Gene und damit auch unsere Zellen reagieren auf das, was wir ihnen vorsetzen. Das kann Angst, Stress und Bewegungsarmut sein oder doch besser Aktivität, Lebensmut und Bewegung.

Nun ist jede unserer Billionen von Körperzellen im Zellkern mit unserer genetischen Information, der DNS (Desoxyribonukleinsäure), ausgestattet. Gene sind Abschnitte dieser DNS und bestimmen die Merkmale von uns Menschen. Bis vor nicht allzu langer Zeit herrschte die Meinung vor, unsere Gene seien ein unveränderliches, unvermeidbares Set von fest miteinander verknüpften Informationen, das von den Eltern an uns weitergegeben wurde. Wir glaubten, unser genetischer Code sei für alle Zeit in Stein gemeißelt und unsere Gene wären somit unser Schicksal.

Mittlerweile wissen wir, dass das nicht stimmt. Wir sind unseren Genen nicht auf

Gedeih und Verderb ausgeliefert. Wir können unser vermeintlich genetisches Schicksal durch unsere Lebensweise überarbeiten, verändern, ja sogar neu schreiben. Das Fachgebiet, das sich mit diesem Einfluss auseinandersetzt, nennt man Epigenetik. Es befasst sich mit den vielen Faktoren, die beeinflussen, wie unsere Gene in Erscheinung treten (Genexpression). Dieses biologische Gebiet steckt noch in den Anfängen und es gibt noch unendlich viel zu erforschen.

Doch eines ist bereits sicher: Unsere Gene sind nicht unser Schicksal.

Der Arzt, Zell- und Molekularbiologe Dr. Ben Lynch hat sich mit Epigenetik ausführlich auseinander gesetzt und meint, dass mit den richtigen Mitteln ererbte Neigungen zu Krankheiten, einschließlich Angst, Aufmerksamkeitsdefizit-/Hyperaktivitätsstörung, Krebs, Demenz, Depression, Herzerkrankungen, Schlaflosigkeit und Fettleibigkeit überwunden werden können. Er sagt weiters: „Wir müssen uns unserer DNS nicht fügen und uns ihr unterwerfen. Stattdessen können wir für eine optimale Gesundheit mit unseren Genen arbeiten – wir müssen nur wissen, wie.“

Der Schlüssel zu mehr Gesundheit liegt somit in unseren eigenen Händen. Entscheidend dabei ist unser Lebensstil.

Dr. Stefan Hainzl, Arzt, Autor und Multiple Sklerose Betroffener, schreibt in seinem Buch “Comeback. Mein Weg zurück ins Leben”: „Die Erkenntnisse der Epigenetik lassen hier keine Ausreden mehr zu. Die Gene sind nicht schuld daran, dass jemand übergewichtig ist. Sie sind auch nicht schuld daran, wenn jemand Arthrose oder einen Herzinfarkt bekommt. Wir können Prädispositionen haben, die die Wahrscheinlichkeit für bestimmte Er-

krankungen erhöhen, aber es gibt kein Gen, welches unser Leben vorbestimmt. Ich kenne Menschen mit der stärksten genetischen Prädisposition für Übergewicht, die aufgrund ihrer Ernährung und ihres Lebensstils einen komplett normalen Body-Mass-Index haben. Wir haben unser Leben selbst in der Hand, wir können uns verändern.(...)Unser Gesundheitssystem könnte Milliarden einsparen. Würden die Menschen umdenken und mehr Selbstverantwortung übernehmen, würde sich das gesamte Gesundheitssystem verändern. Viele Pharmafirmen würde das wahrscheinlich die Existenz kosten, aber für die Menschen wäre es eine wunderschöne Entwicklung."

All diese Erkenntnisse leiten ein neues Verständnis der Selbstwirksamkeit und Eigenverantwortlichkeit für das eigene Leben ein. Es war schon immer klar, dass wir bis zu einem gewissen Grad für unsere Gesundheit und unser Leben selbst verantwortlich sind. Aber durch die Erkenntnisse der Epigenetik wurde es nochmals deutlicher und klarer.

Wir können unser Leben und unsere Gesundheit und alles, was uns ausmacht positiv beeinflussen, indem wir unsere Überzeugungen, unsere Gedanken, unsere Bewegungsgewohnheiten und somit unseren Lebensstil ändern.

Das ist eine absolut positive Nachricht, die leider nach wie vor von vielen nicht zur Kenntnis genommen wird. Bedeutet diese Nachricht doch, dass wir selbst und nicht bloß die anderen verantwortlich sind für das, was uns widerfährt.

Bewegung spielt bei dieser positiven Veränderung des Lebensstils eine wichtige Rolle.

Dementsprechend kannst du mit jeder Wanderung dein Leben ein kleines Stückchen verbessern.

WANDERN FÜR´S GLÜCK

Es ist beinahe nicht vorstellbar – Glück durchs Wandern - oder doch? Vielleicht gibt es einige, die das selbst schon erlebt haben? Wie es sich anfühlt, eine längere Wanderung in der Natur zu beginnen. Wie es sich anfühlt, wenn das Abenteuer ruft. Die ersten Schritte am Beginn eines langen Weges. Bei mir wird immer wieder aufs Neue ein Cocktail an Glücksgefühlen ausgeschüttet, der mir einen wohligen Schauer nach dem anderen über den Rücken jagt. Meine innere Wildnis macht sich bemerkbar und schärft die Achtsamkeit und die innere wie äußere Wahrnehmung. Ein unglaublich gutes Gefühl. Ich lache, ich schreie und fühle mich auf eine intensive, einfache, fast primitive Art und Weise lebendig.

Wir Menschen besitzen ein sehr komplexes Glückssystem (Motivationssystem oder dopaminerges System) in unseren Hirnstrukturen. Der deutsche Medizinprofessor Dr. Joachim Bauer hat sich mit diesem System in unserem Gehirn eingehend auseinandergesetzt und kam zu folgenden

Erkenntnissen: „Der Kern dieses Systems liegt im Mittelhirn, zentral gelegen, und ist über Nervenbahnen mit vielen anderen Regionen in unserem Gehirn verbunden. Einer der Treibstoffe dieses Systems ist das Dopamin, ein Neurotransmitter bzw. Botenstoff, der landläufig als “Glückshormon” bezeichnet wird. Dieses Glückshormon ermöglicht eine Kommunikation der einzelnen Gehirnzellen, die sehr positive, anregende und wohltuende Gefühle im menschlichen Organismus zur Folge hat.

Die Freisetzung des Neurotransmitters Dopamin löst im gesamten Organismus Effekte aus wie eine Dopingdroge. Sie erzeugt ein Gefühl des Wohlbefindens, hat anspornende Wirkung und versetzt Körper und Geist in einen motivierten Zustand. Dieser ist geprägt von hoher Konzentration und zielgerichtetem Verhalten. Eine wahre körpereigene Glücksdroge und somit ein echtes Zaubermittel.“

Die entscheidende Frage ist nun: Wie können wir diese Glücksdroge aktivieren?

Mit Schokolade?

Ja, aber nur für kurze Zeit. Dann brauchen wir die nächste Dosis Zucker. Eine höchst ungesunde Herangehensweise.

Ernst Minar und Slaven Stekovic kennen einen wesentlich besseren Weg: „Eine gesun-

Wir steigen nicht auf Berge, um Gipfel zu erreichen, sondern um heimzukehren in eine Welt, die uns als ein nochmals geschenktes Leben erscheint.
REINHOLD MESSNER

Das Leben besteht in der Bewegung.

ARISTOTELES

de Droge, die den Dopaminspiegel um das Zehnfache erhöht, ist die körperliche Aktivität.“

Ähnliches meint auch Dr. Manuela Macedonia, die sich die Frage stellte: „Kann ich durch Bewegung tatsächlich meinen Dopaminhaushalt aufpeppen?“

„Ja! Es mag schwer vorstellbar sein“, meint sie, „dass man sich zuerst ein bisschen quälen muss, dafür, dass man nachher glücklich ist. Aber so ist es.“

Das erklärt auch, dass wir uns nach einem Spaziergang, einem Dauerlauf oder einer Wanderung richtig gut fühlen. Die Bewegung führt uns in einen Rausch des Glücks und der Zufriedenheit. Allerdings nur dann, wenn wir die Intensität unserem Trainingszustand anpassen. Es bringt nichts eine 12-stündige Wanderung mit der Überwindung von 1000 Höhenmetern zu machen, wenn wir das nicht gewohnt sind. Wir müssen langsam beginnen. Nur Schritt für Schritt sollten wir unsere Leistung steigern, wenn wir das wollen, um nicht in eine Überlastung zu kommen. Überlastungen und Überforderungen sind meist kontraproduktiv. Sie führen häufig dazu, dass wir mühsam erarbeitete, positive Veränderungen aufgeben und wieder in alte und ungesunde Muster zurückfallen.

Unzählige Untersuchungen in der Vergangenheit bestätigen, dass Bewegung positive Auswirkungen auf unsere Stimmung hat und Depressionen lindern kann. Trotz dieser überwältigenden Anzahl von Hinweisen auf die Wirksamkeit von Bewegung im Hinblick auf ein gesundes und glückliches Leben, greifen weltweit betroffene Menschen ausschließlich zu Medikamenten in der Erwartung auf nachhaltige Heilung. Warum das Wandern nur so selten bei der Behandlung von depressiven Verstimmungen und chronischer Traurigkeit zum Einsatz kommt, verstehe ich nicht. Wandern wäre eine Therapie mit ausschließlich positiven Nebenwirkungen und würde die Geldbörsen der staatlichen Krankenkassen nur gering belasten. Diese günstige finanzielle Komponente sollte bei ständig steigenden Zahlen depressiver Menschen nicht vergessen werden. Wandern als Behandlungsmethode für ein gutes und glückliches Leben ist demnach günstig, einfach durchführbar, wirksam und nachhaltig mit ausschließlich positiven Nebenwirkungen.

Ich kann euch den Zusammenhang von Wandern und Glück aus eigener Erfahrung bestätigen. Es gab kaum einen Tag auf meinen langen Wanderungen durch Neuseeland, Lappland, die Kanaren oder durch Österreich, an dem ich mich nicht glücklich und zufrieden gefühlt habe. An dem ich nicht eine Kraft und eine sehr anregende, naturverbundene Wildheit gespürt habe, die aus den Tiefen meiner menschlichen Natur entsprang. Trotz aller Anstrengungen, trotz eines bis zu 25 Kilogramm schweren Rucksacks auf dem Rücken und trotz widrigster Wetterbedingungen. Es war einfach nur schön und ich war einfach nur glücklich, auch wenn es oft sehr anstrengend war.

Es ist beinahe nicht vorstellbar – oder doch? Vielleicht gibt es einige, die das selbst schon erlebt haben? Wie es sich anfühlt eine längere Wanderung in der Natur zu beginnen. Wie es sich anfühlt, wenn das Abenteuer ruft. Die ersten Schritte am Beginn eines langen Weges. Bei mir wird immer wieder aufs Neue ein Cocktail an Glücksgefühlen ausgeschüttet, der mir einen wohligen Schauer nach dem anderen über den Rücken jagt. Meine innere Wildnis macht sich bemerkbar und schärft die Achtsamkeit und die innere wie äußere Wahrnehmung. Ein unglaublich gutes Gefühl. Ich lache, ich schreie und fühle mich auf eine intensive, einfache, fast primitive Art und Weise lebendig.

Dimension Abenteuer

Jede gesunde Person kann ein Abenteuer in Form einer Abenteuerwanderung erleben. Selbst mit Einschränkungen ist das durch eine individuelle Planung und Begleitung möglich. Wenn wir uns zu einer solchen Wanderung entschließen, müssen wir keine Heldin oder kein Held mit Superkräften sein. Allerdings gibt es keine Garantie dafür, dass wir uns danach nicht als Heldin oder Held fühlen! Jedenfalls werden wir ein Stück gewachsen sein.

Abenteuer ist einer jener Begriffe, den jede und jeder von uns kennt und dabei sofort weiß, was gemeint ist. Wenn wir uns jedoch damit näher auseinandersetzen, werden wir uns fragen: Wann ist ein Abenteuer ein Abenteuer? Wo fängt es an, wo hört es auf? Gibt es sie im normalen Alltag? Kann jede und jeder, auch wir, Abenteuer erleben? Oder sind sie nur den kraftvollen und mutigen Heldinnen und Helden, wie wir sie aus vielen Geschichten und Filmen kennen, vorbehalten?

Tja, viele Fragen. Jedenfalls strömt allein schon der Begriff eine Faszination aus, die anziehend und abschreckend zugleich sein kann. Hat doch das Abenteuer immer etwas Charmantes, Attraktives und Atemberaubendes an sich. Andererseits kann es auch gefährlich und bedrohlich sein. Dennoch, wer möchte kein Abenteurer sein?

Vielleicht tauchen bei dir jetzt Bilder aus lange zurückliegenden Zeiten auf. Bilder, die dir angenehme oder auch unangenehme Schauer über den Rücken jagen. Waren die Erlebnisse, die diese Bilder entstehen lassen, Abenteuer? Muss ein Abenteuer außergewöhnlich, gefährlich und risikoreich sein?

Ich möchte mit einem Statement beginnen, das Nadine Strain, alias Nadine Stair, im Jahr 1978, damals 85-jährig, veröffentlichte:

„Wenn ich mein Leben nochmal leben könnte, würde ich versuchen mehr Fehler zu machen. Ich würde mich entspannen. Ich würde bis zum Äußersten gehen. Ich würde alberner als bei diesem Trip sein. Ich würde weniger hygienisch sein. Ich würde mehr Chancen wahrnehmen. Ich würde mehr unternehmen. Ich würde mehr Berge besteigen, in mehr Flüssen schwimmen und mehr Sonnenuntergänge beobachten. Ich würde mehr Eis und weniger Spinat essen. Ich würde mehr aktuelle Probleme und weniger eingebildete haben.

Wie du siehst, bin ich einer von den Menschen, die prophylaktisch und vernünftig und gesund leben. Stunde um Stunde, Tag für Tag. Oh, ich hatte meine Momente, und wenn ich nochmal leben könnte, hätte ich viel mehr. Eigentlich würde ich gar nichts anderes wollen. Einfach nur Augenblicke, einen nach dem anderen, anstatt so viele Jahre im Voraus zu leben und zu denken. Ich war eine von der Sorte Leute, die nirgendwohin ohne ein Thermometer, ein Gurgelwasser, einen Regenmantel und einen Fallschirm ging.

Wenn ich nochmal leben könnte, würde ich leichter reisen als bisher.

Wenn ich mein Leben noch einmal leben könnte, würde ich im Frühling früher anfangen barfuß zu laufen und im Herbst später damit aufhören. Ich würde öfter die

Schule schwänzen. Ich würde gute Noten nur aus Versehen schreiben. Ich würde öfter Karussell fahren. Ich würde mehr Gänseblümchen pflücken.

Wenn du dich andauernd nur schindest, vergisst du sehr bald, dass es so wunderschöne Dinge gibt, wie zum Beispiel einen Bach, der Geschichten erzählt und einen Vogel, der singt."

Nach diesem Statement muss ich immer kurz innehalten, eine Pause einlegen, über mein eigenes Leben nachdenken und darüber, was darin bisher zu kurz kam.

Wenn auch ihr das macht und dann zu dem Schluss kommt, dass ihr nichts versäumt habt und ihr euer Leben nutzt und es reich ist an Vielseitigkeit und Verrücktheiten, dann seid ihr für mich Abenteurer!

Aber gehen wir es ganz pragmatisch an. Beginnen wir mit dem Begriff an sich und was uns dazu erklärt wird und was es dazu anzumerken gibt:

Der Duden beschreibt ein Abenteuer als ein außergewöhnliches, erregendes Geschehen, verbunden mit gefahrvollen Situationen, die jemand zu bestehen hat.

Bei vielen anderen Definitionen findet man auch die Adjektive spannend, ungewöhnlich, tollkühn und verwegen. Aber auch pikant, lustvoll, gewagt, bedenklich und riskant.

Die Definitionen zum Abenteuerbegriff sind sehr vielseitig, was wohl an der Vielseitigkeit des Abenteuers an sich liegt. Zudem ist der Umstand, ob ein Unternehmen oder Ereignis ungewöhnlich, spannend, tollkühn usw. ist, auch sehr subjektiv.

Mit einem Abenteuer, als "Dimension oder Komponente des Abenteuerwanderns", ist eine Unternehmung, in unserem Fall eine Wanderung gemeint, die sich von gängigen Wanderungen unterscheidet. Es ist eine lange und außergewöhnliche Wanderung durch eine weitgehend unberührte Natur mit unvorhersehbaren und herausfordernden Ereignissen. Ein Erlebnis, das nicht einfach zu haben ist, aufregend ist, anstrengend sein kann und auf das man stolz sein darf.

Eine Abenteuerwanderung in unserem Sinne wirkt immer positiv auf den jeweiligen Menschen, der sie unternimmt, weil sie individuell angepasst, gut und risikokompetent geplant und dennoch anstrengend und herausfordernd ist, aber keine Überforderung darstellt. Sie ist gewinnbringend, erweitert den Horizont und stärkt das Selbstbewusstsein und den Glauben an die Selbstwirksamkeit. Sie gibt nachhaltig Kraft und eröffnet neue Perspektiven.

Das heißt, jede gesunde Person kann ein Abenteuer in Form einer Abenteuerwanderung erleben. Selbst mit Einschränkungen ist das durch eine individuelle, kompetente Planung und Begleitung möglich. Wenn wir uns zu einer solchen Wanderung entschließen, müssen wir keine Heldin oder kein Held mit Superkräften sein. Allerdings gibt es keine Garantie dafür, dass wir uns danach nicht als Heldin oder Held fühlen! Jedenfalls werden wir ein Stück gewachsen sein.

Die Bewältigung eines Abenteuers ist ein mächtiges Erlebnis. Seit jeher streben Menschen in ihren Träumen nach abenteuerlichen Erfahrungen. Macht man sie, löst es einen Schwall an Emotionen aus, die jederzeit wieder abrufbar sind, man braucht sich die Wanderung nur in Erinnerung rufen.

Indem wir eine Wanderung um die Dimension Abenteuer erweitern, wird aus einer unglaublich gesunden Unternehmung zusätzlich eine sehr emotional aufbauende und nachhaltig stärkende.

Wenn du dich sicher
fühlen willst, dann tu,
was du schon immer konntest.
Wenn du aber wachsen möchtest,
dann geh bis zum äußersten
Ende deiner Kompetenz.
Und das heißt, dass du für
eine kurze Zeit deine
Sicherheit verlierst.
Wann immer du also
nicht weißt was du tust,
weißt du, dass du wächst.

UNBEKANNT

DIE WIRKUNG VON ABENTEUERN

Wenn wir uns auf ein Abenteuer einlassen, brauchen wir großen Mut. Häufig betreten wir dabei Neuland. Es ist ein Schritt ins Unbekannte. In eine Dimension, in der wir uns bewähren müssen. Wir werden dort neue Erfahrungen machen, uns weiterentwickeln, unsere Persönlichkeit formen, wachsen und lernen. Sich auf ein Abenteuer einzulassen, ist die Entscheidung einen eigenen, außergewöhnlichen und besonderen Weg zu gehen, abseits vom Mainstream und vermeintlicher Sicherheit. Es bedeutet auch, dass wir das Risiko des Scheiterns in Form eines geordneten Rückzugs in Kauf nehmen. Das ist wirklich außergewöhnlich.

Tom Senninger schrieb bereits vor vielen Jahren in seinem Buch "Abenteuer leiten": „Abenteuer helfen eine Beziehung zwischen Körper und Geist herzustellen. Die Teilnehmer von Abenteueraktivitäten wissen und fühlen, dass sie in etwas verwickelt werden, das sie persönlich betrifft. Es entsteht Betroffenheit. Die Möglichkeit etwas zu erforschen, für das es keine Erfolgsgarantie gibt, dessen Ausgang somit ungewiss ist, erzeugt Aufmerksamkeit und Motivation. Plötzlich entsteht Ehrgeiz und der Wunsch, voll in dieses Erlebnis einzusteigen und sich selbst zu versuchen."

Und wieder sind es scheinbar die Emotionen, die Wirkung entstehen lassen...!

Durch die starken Gefühle während eines Abenteuers werden Erfahrungen und Erkenntnisse viel intensiver wahrgenommen und auch abgespeichert. Die Motivation ist hoch, weil man keinesfalls scheitern will. Alle, die sich auf ein Abenteuer einlassen, wollen sich beweisen. Das hört sich nicht sonderlich sympathisch an, aber erhöht die Wahrscheinlichkeit, bei dem was man macht, erfolgreich zu sein. Dieser Erfolg, insbesondere wenn er hart erkämpft und mit starken Emotionen begleitet war, wird unvergesslich bleiben und das Selbstbewusstsein nachhaltig stärken.

Ich möchte an dieser Stelle noch weiter gehen. Ich bin der Ansicht, dass bereits die Planung eines Abenteuers eine besondere Wirkung auf die planende Person hat und dabei sehr angenehme Gefühle entstehen können. Wir kennen das alle unter dem Begriff "Vorfreude". Beispielsweise die Planung einer Hochzeit, des bevorstehenden Urlaubs, eines gemeinsamen Ausflugs mit guten Freuden und vieles mehr. Positive, spannende, mitunter auch herausfordernde Ereignisse, deren Pla-

Ich möchte nicht am Ende meines Lebens feststellen, dass ich nur die Länge des Lebens gelebt habe. Ich möchte auch in der Breite gelebt haben.

DIANE ACKERMAN

nung in den meisten Fällen Spaß macht und eben Emotionen hervorruft.

Noch ein Stück weiter gegriffen: Solche angenehmen Gefühle können bereits bei der Erwägung bzw. bei der bloßen Vorstellung, ein solches Abenteuer zu unternehmen, entstehen.

Ich habe mich in meinem letzten Buch "Das Geheimnis des Conviction Effects. Die Macht der eigenen Überzeugung" viel mit der Vorstellungkraft auseinandergesetzt. Sie hat eine große Bedeutung für unsere Emotionen, für unsere Motivation, für unsere Konsequenz und unser Durchhaltevermögen und somit auch für die Wahrscheinlichkeit, inwieweit wir gesteckte Ziele erreichen können. Die Entwicklung einer Überzeugung, ein Ziel zu erreichen, ist stark abhängig von unserer Vorstellungskraft. Sie ist ein unglaublich starkes Instrument und kann konkret eingesetzt werden, indem man sich ein angestrebtes Ziel, beziehungsweise Situationen oder Ereignisse, die durch Zielerreichung entstehen sollen, lebhaft vorstellt.

Genau so, als wäre alles bereits erreicht, bzw. als wäre man kurz davor es zu erreichen. Erfolgreiche Sportler machen das ständig.

Unser Gehirn kann zwischen Vorstellung und Realität schwer unterscheiden. Dieselben Gehirnareale sind für beides zuständig. Es spielt manchmal kaum eine Rolle, ob wir uns eine Situation nur vorstellen oder sie tatsächlich durchleben.

Diese Vorstellungskraft entfaltet auch in Verbindung mit Abenteuern ihre Wirkung. Sie kann dabei heftige angenehme, aber auch unangenehme Gefühle hervorrufen. Ob angenehm oder unangenehm wird stark davon abhängen, ob wir uns das Abenteuer attraktiv oder bedrohlich vorstellen.

Um es auf den Punkt zu bringen: Ein Abenteuer, egal ob als Vorstellung, in der Planung oder in der Durchführung, löst ein Meer an starken Gefühle aus. Das hat mit der Anatomie eines Abenteuers zu tun. Es ist immer außergewöhnlich, atemberaubend, faszinierend und mitunter gefährlich. Jedenfalls braucht man Mut sich darauf einzulassen. Abenteurer heben sich von der Masse ab. Dadurch hat es eine starke Wirkung auf uns, unsere Entscheidungen, unser Verhalten und darauf, wer wir sind und wer wir in Zukunft sein werden.

> Du musst dich auf Abenteuer begeben, um herauszufinden, wo du wirklich hingehörst.
>
> SUE FITZMAURICE

Aufgrund dieser sehr starken Wirkung von Abenteuern haben sich diese auch in der Pädagogik etabliert. Speziell bei Jugendlichen, aber auch fallweise bei Erwachsenen, wird die Abenteuerpädagogik mit den Zielen angewandt, die Persönlichkeitsentwicklung, das Selbstbewusstsein, die sozialen Kompetenzen, die Problemlösungsfähigkeit, das Vertrauen, die Verlässlichkeit, die Kommunikationsfähigkeit und noch vieles mehr zu fördern und zu stärken.

Die vielen erlebnispädagogischen Übungsreihen, die in eine abenteuerliche Geschichte eingebettet werden, sollen dabei nicht vergessen werden. Bei vielen Schulausflügen steht ein wohldosiertes Abenteuer im Vordergrund und viele Firmenincentives werden als Abenteuer verkauft. Wenn sie dann auch noch gut und tatsächlich abenteuerlich durchgeführt werden, stärkt das das Team und die Einzelnen auf ungeahnte Weise. Und viele dieser Teammitglieder werden sich noch Jahre später an dieses Abenteuer erinnern und sich von den Erfahrungen, die sie dabei gemacht haben, in Arbeit und Freizeit inspirieren und motivieren lassen.

Grundsätzlich führen Abenteuer zu neuem Wissen und verändertem Verhalten in der Zukunft. Man wird selbstbewusster und bekommt einen wesentlich erweiterten Erfahrungshorizont.

Erling Kagge, ein großer Abenteurer, besonders bekannt für seine Expeditionen am Nord- und Südpol, hat geschrieben: „Es kann unangenehm und auch durchaus riskant sein, seine eigene Welt zu verändern. Aber vielleicht ist es noch riskanter, es nicht zu tun und gar nicht erst herausfinden zu wollen, wie gut sich das Leben anfühlen kann.“

An dieser Stelle möchte ich deutlich und nachdrücklich anführen, dass ein Abenteuer keinesfalls ein unreflektiertes und kopfloses Hineinstürzen in eine Gefahrensituation ist. So etwas kann leicht entgleiten und wird unkontrollierbar, insbesondere wenn es ohne Vorbereitung, Wissen und Information über Gefahrenpotentiale und geeignete, erfolgsversprechende Strategien angegangen wird. Das wäre einfach nur Dummheit. Viele sogenannte Mutproben, wie

Wenn Du tust,
was Du immer getan hast,
wirst Du bekommen,
was Du immer
bekommen hast.

ABRAHAM LINCOLN

beispielsweise gefährliche und viel zu schnelle Autorasereien, Klettereien ohne Sicherungen, Sprünge in trübe und unbekannte Gewässer und vieles mehr, fallen in diese Kategorie und haben schon viele Leben gekostet. Abenteuer bedeutet nicht dem Tod zu trotzen und vor dem Leben keinen Respekt zu haben.

Ganz im Gegenteil!

Eines jedenfalls haben die meisten Abenteurerinnen und Abenteuerer gemeinsam: Wenn sie nach Herausforderungen suchen, geht es nicht darum, unüberlegt mit der Gefahr zu spielen. Sie suchen vielmehr das Abenteuer, weil das Erleben von intensiven Situationen und die Fähigkeit, diese Situationen zu meistern, wie eine Bestätigung der eigenen Lebensfähigkeit ist. Sie spüren das Leben auf eine ganz besondere Art und Weise. Alles bekommt plötzlich einen Sinn, auch wenn es für Außenstehende völlig sinnlos erscheint.

Wenn wir uns auf ein Abenteuer einlassen brauchen wir großen Mut. Häufig betreten wir dabei Neuland. Es ist ein Schritt ins Unbekannte. In eine Dimension, in der wir uns bewähren müssen. Wir werden dort neue Erfahrungen machen, uns weiterentwickeln, unsere Persönlichkeit formen, wachsen und lernen. Sich auf ein Abenteuer einzulassen, ist die Entscheidung, einen eigenen, außergewöhnlichen und besonderen Weg zu gehen, abseits vom Mainstream und vermeintlicher Sicherheit. Es bedeutet auch, dass wir das Risiko des Scheiterns in Form eines geordneten Rückzugs in Kauf nehmen. Das ist wirklich außergewöhnlich.

Jeder Tag, jede Stunde, jede Minute, jeder Augenblick birgt die Chance einen neuen, interessanten und erfüllenden Weg einzuschlagen.

RAUS AUS DER KOMFORTZONE, REIN INS ABENTEUER

Ein Abenteuer beinhaltet immer auch das Kennenlernen von neuen Denkweisen. Allein schon wenn wir ein Abenteuer in Betracht ziehen, müssen wir uns von eingefahrenen und hinderlichen Denkmustern verabschieden. Durch diese neuen Denkweisen, durch diese erweiterte und andere Art zu denken, wird gleichzeitig unser Repertoire an Lebensweisen erweitert. Denkweisen führen zu Lebensweisen. So wie auf Gedanken oft Handlungen folgen. Wir haben plötzlich mehr Möglichkeiten unser Leben zu leben und zu meistern. Das wiederum führt zu mehr Selbstbewusstsein und Selbstvertrauen und das kann unseren Charakter auf positive Art und Weise formen.

Wenn wir uns für ein Abenteuer entscheiden, ist das gleichzeitig die Entscheidung für Neues und für Veränderung. Denn jede neue Unternehmung verändert unser Leben. Und jede Veränderung ist Neuland, ein Schritt ins Ungewisse und somit ein Abenteuer.

Mein Herz rast und meine Hände schwitzen.

Ich denke mir, oh Gott, was ist das? Das Gebilde, das sich vor mir befindet, jagt mir einen Schauer über den Rücken und gleich darauf spüre ich die Gänsehaut, die entsteht und selbst das kleinste Körperhärchen zu Berge stehen lässt. Ich stehe vor einer auf das Nötigste reduzierten und nicht sehr vertrauenserweckenden Hängebrücke irgendwo auf der Südinsel Neuseelands, auf dem Te Araroa Trail. Weit entfernt von zu Hause und auch weit entfernt von der gegenüberliegenden Seite des Canyons. Vier Stahlseile und dazwischen ein, wie mir scheint, doch sehr breitmaschig gespanntes Drahtnetz um nicht durchzufallen, sind die einzigen Verbindungen von dieser Seite zur anderen. Eine sehr wackelige Konstruktion, wie es scheint. Etwa 10 Meter unter mir ein kleiner, aber reißender Fluss.

Jeder Mensch kann die Welt von einer eintönigen und langweiligen in eine aufregende und abenteuerliche Welt verwandeln.

IRVING WALLACE

Es ist kein Mensch da, den ich fragen kann, der mir mit Rat und Tat zur Seite steht, der das schon einmal gemacht hat. Es wird auch so schnell niemand kommen, denn dieser Weg hier am anderen Ende der Welt ist alles andere als stark frequentiert.

Ich weiß, ich werde sie betreten. Und ich weiß auch, wenn ich mich nicht dumm verhalte, kann nichts passieren. Ich habe einiges über die vielen rustikalen Hängebrücken entlang des Te Araroa Trails gelesen. Ich bin vorbereitet. Aber eben nur in der Theorie. Wenn ich nun so hier stehe und auf dieses wackelige Ding blicke, sieht plötzlich alles ganz anders aus. Ich suche nach Auswegen. Den Fluss umgehen – viel zu weit. Den Fluss durchwaten – zu unsicher bei dem steinigen Untergrund und mit dem schweren Rucksack. Einfach hier sitzenbleiben – eine verlockende Idee. Aber ich muss da rüber. Ich spüre, je länger ich warte und nachdenke, umso schwieriger wird es.

Ich mache den ersten Schritt, ein echter Kick! Langsam, step by step. Immer nach vorne schauen. Auf keinen Fall nach unten. Das Gewicht immer gut verteilen. Die Brücke beginnt zu schwingen. Ich bleibe ruhig stehen, aber das Schwingen hört nicht auf. Los, geh weiter! Das Stehenbleiben bringt nichts! 20, 40, 60, 80 Meter und ich bin auf der anderen Seite. Niedersetzen. Durchatmen. Zurückblicken. Ich brauche einige Augenblicke. Dann überkommt mich ein Schwall von Gefühlen! Und mir wird klar: Das war etwas Außergewöhnliches. Mitten in der Wildnis Neuseelands, ganz alleine. Ich bin sehr stolz auf mich.

Ich bin wieder ein Stück gewachsen.

Wir alle haben in unserem Leben einen Bereich, in dem wir uns wohlfühlen, in dem es kuschelig warm ist, den wir lieben und in dem wir uns absolut sicher fühlen. Einen Bereich, voll mit gewohnten Menschen, gewohnten Dingen, gewohnten Handlungen und Ritualen. In diesem Bereich spielt sich der Großteil unseres Lebens ab. Alles in diesem Bereich gehört zu uns und diesen Bereich nennen wir unsere Komfortzone.

Das Leben in dieser Komfortzone ist zwar angenehm und kuschelig, aber es fehlt doch etwas die Würze, das Erlebnis, der Spirit. Immer die gleichen Menschen, die gleichen Aufgaben, die gleichen Erlebnisse und die gleichen Erfahrungen und manchmal denken wir uns: Das kann nicht alles sein. Das Leben muss doch noch mehr zu bieten haben!

Und manchmal sind wir gezwungen einen Schritt herauszumachen aus dieser Komfortzone. Hinein ins Neuland, ins Unbekannte. Eine neue Aufgabe, ein Gespräch, das dringend geführt werden muss und auf die lange Bank geschoben wurde, ein neuer Arbeitsplatz, ein Umzug oder ein Abenteuer. Schon der Gedanke daran bereitet uns ein wenig Unbehagen. Wir zittern dem Ereignis entgegen und je näher es rückt, umso unsinniger und verrückter erscheint es uns. Wir nähern uns der Grenze unserer Komfortzone. Und wie wir uns zaghaft an diese Grenze herantasten und dort ankommen, machen wir unmittelbar davor kehrt. Wir reden uns ein: Heute ist kein guter Tag. Ich bin nicht gut vorbereitet. Mir gehts heute nicht gut. Es regnet. Ich bin zu schwach.

Es braucht Mut und Überwindung, um unsere Komfortzone zu verlassen. Je länger wir darin verharren, umso schwieriger wird ein Verlassen. Es braucht jedoch diese Schritte heraus. Denn nur außerhalb der Komfortzone, im Neuland, ist Wachstum, Weiterentwicklung, Lernen, Erlebnis und Abenteuer möglich. Andernfalls schmoren wir immer im eigenen Saft.

Jedesmal wenn wir diesen Schritt nicht wagen, wird diese Grenze stärker und unüberwindlicher, die Mauern um unsere Komfortzone höher und breiter, bis sie nur mehr ganz schwer einzureißen ist. Wir bauen uns unser eigenes Gefängnis.

Wagen wir diesen Schritt und sei er noch so klein, wird unser Lebensspielraum größer, interessanter und vielfältiger. Wir erweitern ihn genau um diesen Schritt. Dabei entwickeln wir uns weiter, wachsen und lernen. Das Leben wird interessanter und lebenswerter. Wir lernen neue Menschen kennen, es entstehen neue Denkweisen und somit auch neue Lebensweisen. Wir erweitern unseren Horizont. Doch die Schrittlänge sollte wohlgewählt sein. Es gibt immer wieder Menschen, die hinauspreschen, unreflektiert, angstbefreit und ohne Risikokompetenz. Das hat nichts mit Mut zu tun. Meist endet das wieder in der ursprünglichen Komfortzone, in die diese unreflektiert waghalsigen Menschen zurückflüchten - aus Panik oder Überforderung - und sich sehr lange nicht mehr hinauswagen. Darum sollten wir unsere Schrittlänge mit Bedacht wählen. Lieber nur ein kleiner Schritt, mit Risikokompetenz gewählt, denn viele kleine Schritte führen auch ans Ziel. Step by Step.

Ein Abenteuer beinhaltet immer auch das Kennenlernen von neuen Denkweisen. Allein schon, wenn wir ein Abenteuer in Betracht ziehen, müssen wir uns von eingefahrenen und hinderlichen Denkmustern verabschieden. Durch diese neuen Denkweisen, durch diese erweiterte und andere Art zu denken, wird gleichzeitig unser Repertoire an Lebensweisen erweitert. Denkweisen führen zu Lebensweisen. So wie auf Gedanken oft Handlungen folgen. Wir haben plötzlich mehr Möglichkeiten unser Leben zu leben und zu meistern. Das wiederum führt zu mehr Selbstbewusstsein und Selbstvertrauen und das kann unseren Charakter auf positive Art und Weise formen.

Deshalb Raus aus der Couch und rein ins Abenteuer!

ABENTEUER, GESUNDHEIT UND HEILUNG

Während meiner Wanderung verbrachte ich die meisten Abende allein im Wald, auf einem Berggipfel, an einem See, am Strand oder neben Bächen und Flüssen. Oft unglaublich schöne Spots, an denen ich möglicherweise der erste Mensch war, der jemals dort sein Lager aufgeschlagen und übernachtet hatte. Ich nutzte diese einsamen Stunden vor dem Einschlafen, um die Natur zu genießen, zu Lesen oder meinen Geist auf die Wanderschaft zu schicken. Im Laufe der Zeit lernte ich, dass ich meinen Geist auch durch meinen Körper lenken konnte, zu meinen Muskeln und Gelenken. Ich erkannte, dass dort, wo ich meinen Geist, meine Aufmerksamkeit hinschickte, auch Wärme entstand. Das war für meine müden Muskeln und Gelenke sehr wohltuend und ich fand, dass es auch eine gute Möglichkeit zur Regeneration war.

In diesem Kapitel möchte ich mit euch ein Thema behandeln, zu dem es leider sehr wenige seriöse Untersuchungen gibt. Es geht mir darum, einen Zusammenhang zwischen

herzustellen und diesen auch zu beweisen, da ich der festen Überzeugung bin, dass ein solcher besteht.

Begriffe wie "Abenteuer" und "Heilung" werden sehr schnell ins Eck der Spiritualität oder gar der Esoterik gestellt. Ich meine das keineswegs abwertend, aber durch diese, meiner Meinung nach ungerechtfertigte Einordnung, lassen leider viele Wissenschaftler die Finger davon. Das beruht vielleicht darauf, dass "Heilung" manchmal mit Naturheilungen, Selbstheilungen, schamanischen Ritualen und dergleichen in Verbindung gebracht wird, insbesondere wenn sie im selben Atemzug mit dem Begriff "Abenteuer" verwendet wird.

Wie gesagt, ich bin überzeugt davon, dass Abenteuer heilen können, allerdings ist meine alleinige Meinung nicht aussagekräftig genug. Deshalb und trotz der spärlichen Untersuchungen, die es dazu gibt habe ich tief gegraben und bin auf einige Aussagen und Überschneidungen gestoßen.

Wie bereits im Kapitel "Die Wirkung von Abenteuern" beschrieben, hat ein Abenteuer

Jedes Abenteuer
ist nur eine
Entscheidung
von dir entfernt.

LISZ HIRN

Auswirkungen auf Fähigkeiten und Fertigkeiten, die allgemein wichtig sind im Leben. Zum Beispiel haben sie Auswirkungen auf unsere Gefühle und unsere Fähigkeit mit Stress umzugehen, auf unser Selbstbewusstsein, Selbstvertrauen und unsere Selbstwirksamkeit, auf unsere sozialen Kompetenzen und Problemlösungsfähigkeit, unser Vertrauen, unsere Verlässlichkeit und noch vieles mehr.

Wir können demnach sagen, Abenteuer sind persönlichkeitsbildend. Sie verändern unsere Denkweisen und Lebensweisen.

Was bedeutet das nun im Zusammenhang mit der Heilung von Körper und Seele? Kann man von Maßnahmen, die persönlichkeitsbildend sind, per se ableiten, dass sie auch gesundheitsfördernde oder gar heilende Wirkung haben?

Ich denke, diese Frage kann mit "Ja" beantwortet werden. Viele dieser eben genannten Fähigkeiten und Fertigkeiten wurden auch von der Weltgesundheitsorganisation (WHO) im Jahr 1994 als wichtige Lebenskompetenzen benannt. Diese weltweit anerkannte Organisation hat insgesamt zehn Fähigkeiten und Eigenschaften als Lebensfertigkeiten, Lebenskompetenzen bzw. "Life Skills" definiert.

Gemäß Weltgesundheitsorganisation sind Lebenskompetenzen Fähigkeiten, die einen angemessenen Umgang, sowohl mit unseren Mitmenschen, als auch mit Problemen und Stresssituationen im alltäglichen Leben ermöglichen. Solche Fähigkeiten sind bedeutsam für die Stärkung der psychosozialen Kompetenz.

Die zehn zentralen Lebenskompetenzen sind:

1. Selbstwahrnehmung, die sich auf das Erkennen der eigenen Person, des eigenen Charakters sowie auf eigene Stärken und Schwächen, Wünsche und Abneigungen bezieht.

2. Empathie, als die Fähigkeit, sich in andere Personen hineinzuversetzen.

3. Kreatives Denken, das es ermöglicht, adäquate Entscheidungen zu treffen sowie Probleme konstruktiv zu lösen.

4. Kritisches Denken, als die Fertigkeit, Informationen und Erfahrungen objektiv zu analysieren.

5. Die Fähigkeit, Entscheidungen zu treffen, die dazu beiträgt konstruktiv mit herausfordernden Situationen im Alltag umzugehen.

6. Problemlösefertigkeit, um Schwierigkeiten und Konflikte im Alltag konstruktiv anzugehen.

7. Kommunikative Kompetenz, die dazu beiträgt, sich kultur- und situationsgemäß sowohl verbal als auch nonverbal auszudrücken.

8. Interpersonale Beziehungsfertigkeiten, die dazu befähigen, Freundschaften zu schließen und aufrechtzuerhalten.

9. Gefühlsbewältigung, als die Fertigkeit, sich der eigenen Gefühle und der Gefühe anderer bewusst zu werden, angemessen mit Gefühlen umzugehen sowie zu erkennen, wie Gefühle Verhalten beeinflussen.

10 Die Fähigkeit der Stressbewältigung, um einerseits Ursachen und Auswirkungen von Stress im Alltag zu erkennen und andererseits Stress reduzierende Verhaltensweisen zu erlernen.

Die Stärkung dieser 10 Lebensfertigkeiten wurde von der Weltgesundheitsorganisation (WHO) als gesundheitsfördernd eingestuft.

In der modernen Gesundheitsförderung und Prävention haben sich inzwischen Ansätze etabliert und als erfolgreich erwiesen, die diesem Konzept Rechnung tragen, indem sie auf die Förderung von Lebenskompetenzen im Sinne der Persönlichkeits- und Kompetenzförderung abzielen, meinen auch die Psychologen Matthias Jerusalem und Sabine Meixner-Dahle.

Dr. Fabienne T. Amstad und Martina Blaser, MSc widmeten sich im Schweizer Grundlagenbericht über psychische Gesundheit aus dem Jahr 2016 dem Thema Lebenskompetenzen und Gesundheit. Sie empfehlen für die Förderung psychischer Gesundheit, die vor allem die Person mit ihren Gedanken, ihren Emotionen und ihrem Verhalten in den Fokus rückt, die Vermittlung von ebensolchen Lebenskompetenzen. Diese beinhalten Fertigkeiten, die es Personen gestatten, effektiv mit Herausforderungen und Belastungen aus dem alltäglichen Leben umzugehen.

Viele schulische und betriebliche Gesundheitsprogramme widmen sich mittlerweile der Förderung von Lebenskompetenzen bei Schülerinnen und Schülern, Mitarbeiterinnen und Mitarbeiter, um die Gesundheit, das soziale Miteinander und die allgemeine Zufriedenheit zu steigern.

Diese Zuwendung zum Lebenskompetenzansatz hat auch ihre Wurzeln in der immer stärker werdenden Meinung im Gesundheitssystem, es bräuchte eine Abwendung von der Pathogenese hin zur Salutogenese. Damit ist gemeint, man verabschiedet sich mehr und mehr von dem Grundsatz der Vermeidung von krankmachenden Faktoren und lenkt die Aufmerksamkeit auf die Förderung von gesundmachenden Faktoren.

Nun möchte ich nicht endlos Ansätze, Beiträge und Meinungen zu den Lebenskompetenzen und deren Bedeutung auf unsere Gesundheit zitieren. Vielmehr möchte ich das eigentliche Thema dieses Kapitels "Abenteuer, Gesundheit und Heilung" auf den Punkt bringen. Viele Untersuchungen, medizinische Berichte und Gesundheitsempfehlungen bringen die Förderung von Lebenskompetenzen mit einer Stär-

kung der sozialen und psychischen Gesundheit, mit Stressresilienz, Suizid-, Sucht- und Gewaltprävention in Verbindung. Ich denke, es kann getrost gesagt werden, dass die Förderung solcher Lebensfertigkeiten als gesundheitsfördernde und auch heilende Maßnahme betrachtet werden kann.

Nun wissen wir bereits, dass ein Abenteuer annähernd die gleichen gesundheitsfördernden und heilenden Lebenskompetenzen - wie die Erwähnten - stärken kann. Demnach können das Erleben eines gut abgestimmten Abenteuers und die positiven Erfahrungen daraus als eine vorbeugende, heilende und gesundheitsfördernde Maßnahme eingeordnet werden.

Ich denke, diese Erkenntnis ist schlüssig und nachvollziehbar und es kann angenommen werden, dass sie auch der Überprüfung kritischer Fachleute standhält. Jedenfalls bekommen dadurch Abenteuer plötzlich einen wesentlich bedeutsameren Stellenwert. Sie sind nicht mehr nur eine didaktische Methode (denken sie an den bereits erwähnten Begriff "Abenteuerpädagogik") sondern vielmehr auch eine gesundheitsfördernde. Der gezielte Einsatz von Abenteuern, angepasst an den jeweiligen Menschen oder an die jeweilige Personengruppe, kann eine heilende und gesundheitsfördernde Wirkung haben. Entscheidend dabei werden die Auswahl, die Planung, die Intensität und das Risiko des Abenteuers sein.

Im Jahr 2017 riet mir mein Arzt aufgrund meiner ständigen Beinvenenthrombosen zu umfassenden medizinischen Untersuchungen am ganzen Körper, um die Ursache für diese Thromboseneigung herauszufinden. Er meinte damals, das Blutbild würde keine ausreichenden Antworten liefern. Er sagte auch, er wolle mich nicht erschrecken, aber ein Grund für meine Beschwerden könne ein Tumor sein. Um das Vorhandensein eines solchen auszuschließen, müsse ich alle dazu erforderlichen Untersuchungen über mich ergehen lassen. Tolle Nachrichten, dachte ich damals erschrocken. Nun gut, was soll man dagegen sagen, das Ärztekarussell startete und ich wurde, soweit es das Österreichische Gesundheitskassensystem zuließ, auf "Herz und Nieren" durchgecheckt. Ich muss zugeben, es hat mir nicht alles gefallen, was die Untersuchungen ergaben. Allerdings wurde anfangs kein Tumor gefunden – bis zu meiner Prostatauntersuchung. Dort erhielt ich dann die Hiobsbotschaft. Prostatakrebs! Ein harter Schlag, wie ihr euch vorstellen könnt! Allerdings hatte ich bereits zu Beginn des Untersuchungsmarathons beschlossen, mich nicht unterkriegen zu lassen, egal was auf mich zukommen würde. Nun, da ich das Untersuchungsergebnis meiner Prostata - einer kleinen Drüse direkt unterhalb der Harnblase, der ich zuvor kaum Aufmerksamkeit schenkte - vor mir liegen hatte, war das "nicht unterkriegen lassen" gar nicht so leicht umzusetzen.

Zum Glück und auch zur Beruhigung meiner anfänglichen Besorgnis hatte das Krebskarzinom scheinbar noch keine Metastasen gebildet. Außerdem, wurde mir damals gesagt, sei die Diagnose Prostatakrebs nicht unbedingt die schlimmste im Reigen der Krebsdiagnosen.

Mein damaliger Urologe empfahl mir mit Nachdruck, mich sofort operieren zu lassen. Gleichzeitig gab er mir auch die Kontaktdaten eines erfahrenen Operateurs. Er versicherte mir, dass dieser sehr besonnen und vorsichtig solche Operationen durchführen würde. Diese Vorsicht und Besonnenheit, dachte ich mir damals, sollte doch eine Voraussetzung sein und keiner Erwähnung bedürfen. Nebenbei hat er mir auch noch mitgeteilt, dass sich die Kosten für den Eingriff bei diesem Arzt auf etwa 6000 Euro belaufen würden. Ich hätte, würde ich die OP von diesem erfahrenen Chirurgen durchführen lassen, ein geringeres Risiko nach der Operation an Inkontinenz und Impotenz zu leiden - obwohl, ausschließen könne man das nie.

Ich hatte bereits damals eine kritische Haltung zu jeder Art von operativen Eingriffen. Heute bin ich mehr denn je der Meinung, dass viele Operationen - ebenso wie unzählige Medikamente und dadurch auftretende Nebenwirkungen - durch eine Veränderung des Lebensstils vermeidbar wären. Das ist meine ganz persönliche Meinung. Ich bin kein Arzt und möchte das ausdrücklich betonen. Allerdings ist mir auch bewusst, dass viele medizinische Eingriffe bereits unzählige Leben gerettet haben. Oftmals jedoch zu einem hohen Preis. Aber wiegt man so manchen Preis, den man bezahlt, gegen das Leben ab, das man gewinnt, ist er wohl gerechtfertigt.

Letztendlich ist es eine persönliche Entscheidung und ich möchte niemandem mit meiner Meinung zu nahe treten. Ich jedenfalls ließ mich nicht operieren. Ich las viel über Prostatakarzinome, so nennt man diese Art von bösartigen Tumoren, hörte mir andere Meinungen an und informierte mich über alternative Therapien und Behandlungsmöglichkeiten. Im Zuge meiner Recherchen fand ich einen Urologen, dessen Ideen und Einstellungen mir zusagten, sofern man das durch Informationen im Internet einschätzen kann, und konsultierte ihn. Bereits nach dem ersten Gespräch mit ihm war ich sehr zufrieden. Ich entwickelte ein großes Vertrauen zu ihm. Er nahm meine Bedenken hinsichtlich einer Operation ernst, drängte mich nicht dazu und eröffnete mir die Möglichkeit einer aktiven Überwachung meines Prostatakarzinoms. In der Fachsprache nennt man diese Überwachung bzw. Beobachtung "Active Surveillance". Dieses Beobachten bedeutet, dass Biopsien (Probenentnahmen bei der Prostata) nur gemacht werden, wenn sie unbedingt erforderlich waren (zu diesem Zeitpunkt hatte ich bereits 2 Biopsien hinter mir. Keine angenehme, wenn auch nur minder schmerzhafte Angelegenheit). Weiters bedeutete es regelmäßige Blutuntersuchungen und Magnetresonanztomographien und natürlich auch regelmäßige Besprechungen mit dem Arzt.

Ich fühlte mich gut aufgehoben mit dieser Art der Behandlung und Überwachung, hatte großes Vertrauen zu meinem Arzt und vor allem großes Vertrauen in meinen Körper und meinen Geist. Ich wusste, oder besser gesagt ich war überzeugt, wenn ich gut auf mich achten würde, speziell darauf, wie ich über die Krankheit dachte und mit ihr umging, würde alles ein gutes Ende nehmen.

Sie werden jetzt sagen: 'Ein Krebs verschwindet doch nicht einfach! Wie soll das gehen: Ein gutes Ende? Sehr naiv und blauäugig!'

Ich weiß nicht, woher ich damals meinen Optimismus nahm. Eine Remission, insbesondere eine Vollremission (das vollständige Verschwinden des Tu-

AGAINST
CANCER

mors) bei Krebserkrankungen ist mehr als selten, insbesondere dann, wenn keinerlei Medikamente eingenommen und Therapien gemacht werden. Heute weiß ich was passiert ist. Aber alles der Reihe nach.

Zu diesem Zeitpunkt hatte ich bereits meine Neuseelandreise geplant. Ich wollte innerhalb von 6 Monaten das Land von Süden nach Norden durchwandern. Im Dezember 2017 startete ich diese große Wanderung, die ich im Prolog dieses Buches bereits kurz beschrieben habe. Ich widmete diese Wanderung meinem Krebs und meinem Leben – meinem neuen Leben. Ich wollte mich einerseits besser kennenlernen und mehr lieben und andererseits herausfinden, wohin mich meine Reise in dieses bessere Leben führen wird. Eine Reise in ein neues Leben in Verbindung mit einer Abenteuerreise durch Neuseeland schien mir eine gute und erfolgversprechende Mischung. Jedenfalls wollte ich den Krebs besiegen.

Während meiner Wanderung verbrachte ich die meisten Abende allein im Wald, auf einem Berggipfel, an einem See, am Strand oder neben Bächen und Flüssen. Oft unglaublich schöne Spots. Es konnte leicht sein, dass ich an manchen dieser Plätze der erste Mensch war, der jemals sein Lager dort aufgeschlagen und übernachtet hatte. Ich nutzte diese einsamen Stunden vor dem Einschlafen, um die Natur zu genießen, zu lesen oder meinen Geist auf die Wanderschaft zu schicken. Im Laufe der Zeit lernte ich, dass ich meinen Geist auch durch meinen Körper lenken konnte, zu meinen Muskeln und Gelenken. Ich erkannte, dass dort, wo ich meinen Geist, meine Aufmerksamkeit hinschickte auch Wärme entstand. Das war für meine müden Muskeln und Gelenke sehr wohltuend und ich fand, dass es auch eine gute Möglichkeit zur Regeneration war. Auf diesen geistigen Reisen durch meinen Körper begegnete ich auch meiner angeschlagenen Prostata. Auch dort entstand diese Wärme und ein angenehmes Gefühl. Ich stellte mir vor, wie ich all meine Energie und meine körpereigenen Heilungskräfte genau zu den jeweiligen Stellen, in diesem Fall zu meiner krebskranken Drüse, lenkte. Ich betrachtete dabei meinen Körper nicht wie ein Hologramm von außen, sondern war tatsächlich mit meiner ganzen Aufmerksamkeit und geistigen Kraft in meinem Körper, bei meinen Organen, Muskeln und Gelenken. Das fiel mir sehr schnell immer leichter und leichter. Unterm Sternenhimmel, bei einem tollen Sonnenuntergang, umgeben von unberührter Natur und allen Geräuschen, die diese zu bieten hatte, ist vieles einfacher und selbstverständlicher. Ich erkannte einen Zusammenhang zwischen Himmel und

Erde, eine Verbindung zwischen dem eigenen Leben und dem Universum und konnte das alles mit einer unglaublich angenehmen Intensität spüren, die ich nur schwer beschreiben kann. Alles ergab plötzlich einen Sinn und ich konnte diesen Sinn mit einer Klarheit und Deutlichkeit erkennen und verstehen. Das war unbeschreiblich. Ich kann mir vorstellen, dass viele von euch schon einmal solche Momente erlebt und gefühlt haben und deshalb glaube ich auch, dass ihr das verstehen könnt, was ich hier zum Ausdruck bringen will.

Ich war von Anfang an unglaublich zuversichtlich in Bezug auf meine Heilung. Wie gesagt, woher diese Zuversicht und Überzeugung kam, wusste ich anfangs noch nicht. Jedenfalls war es keine religiöse, oder vielleicht doch? Von der Überzeugung auf Heilung getragen, ließ ich mich auf vieles ein, ernährte mich sehr sparsam, meditierte, war achtsam in Bezug auf die Natur und auf meinen Körper und Geist und probierte dabei vieles aus.

Ich zog mir während meiner 3040 Kilometer langen Wanderung durch das wunderbare Neuseeland keine einzige Verletzung zu, wurde trotz eines manchmal sehr kalten und regnerischen Wetters nie krank und hatte keine einzige Blase an meinen Füßen. Das war sehr ungewöhnlich und führte bei viele Wanderern zu Kopfschütteln, während sie ihre eigenen, mit Blasen und offenen Stellen übersäten Füße behandelten und offene Scheuerstellen an den Schultern verarzteten, die das Tragesystem des oft über 20 Kilogramm schweren Rucksacks hinterließ. Ich traf einige Hiker, die in Folge eines Knochenbruches oder einer anderen schweren Verletzung den Trail abbrechen mussten und in Hütten oder Zelten auf den Abtransport durch einen Helikopter warteten, den sie über ein spezielles Alarmgerät über GPS verständigt hatten.

Es war ein Abenteuer, diese Reise, diese Wanderung und auch die Einsamkeit. Aber vielleicht war das größte Abenteuer jenes, das mich zu mir selbst führte. Unabhängig davon, was letztendlich den Ausschlag für meinen Sieg über den Krebs gegeben hat. Jedenfalls, da bin ich überzeugt, war die Einleitung dieser Heilung verbunden mit meinen Denkweisen, wie ich über mich, mein Leben und das Leben im Allgemeinen dachte.

Heute weiß ich, ich habe den Krebs besiegt. Eine Mischung aus Anstrengung, Ernährung, Natur, Entbehrung, positiven Denkweisen, inneren Einstellungen,

Haltungen und fantastischen Abenteuern war mein Heilungscocktail.
Nach dieser Abenteuerwanderung wurde mein Karzinom von Untersuchung zu Untersuchung kleiner und als mein Arzt im Jänner 2021 den damaligen Untersuchungsbefund sah, lachte er mich an und meinte: ´Herr Wiednig, sie können den Champagner aufmachen. Der Krebs ist nicht mehr nachweisbar.´

Er fragte mich, was ich Besonderes gemacht hätte. Ich erzählte ihm von meinen Reisen und er schüttelte nur den Kopf und meinte, das sei unglaublich. Er habe eine Totalremission eines Prostatakarzinoms in seiner beinahe 40jährigen Laufbahn erst selten erlebt.

Meine Erlebnisse bestärkten mich in meiner Meinung, dass viele Menschen ihr Schicksal selbst in der Hand haben und dass der Ausgang von Ereignissen ganz stark mit der persönlichen Einstellung und Überzeugung zusammenhängt. Ist man überzeugt zu scheitern, so wird das auch eintreten. Ist man jedoch überzeugt eine Herausforderung zu meistern, ein Ziel zu er-

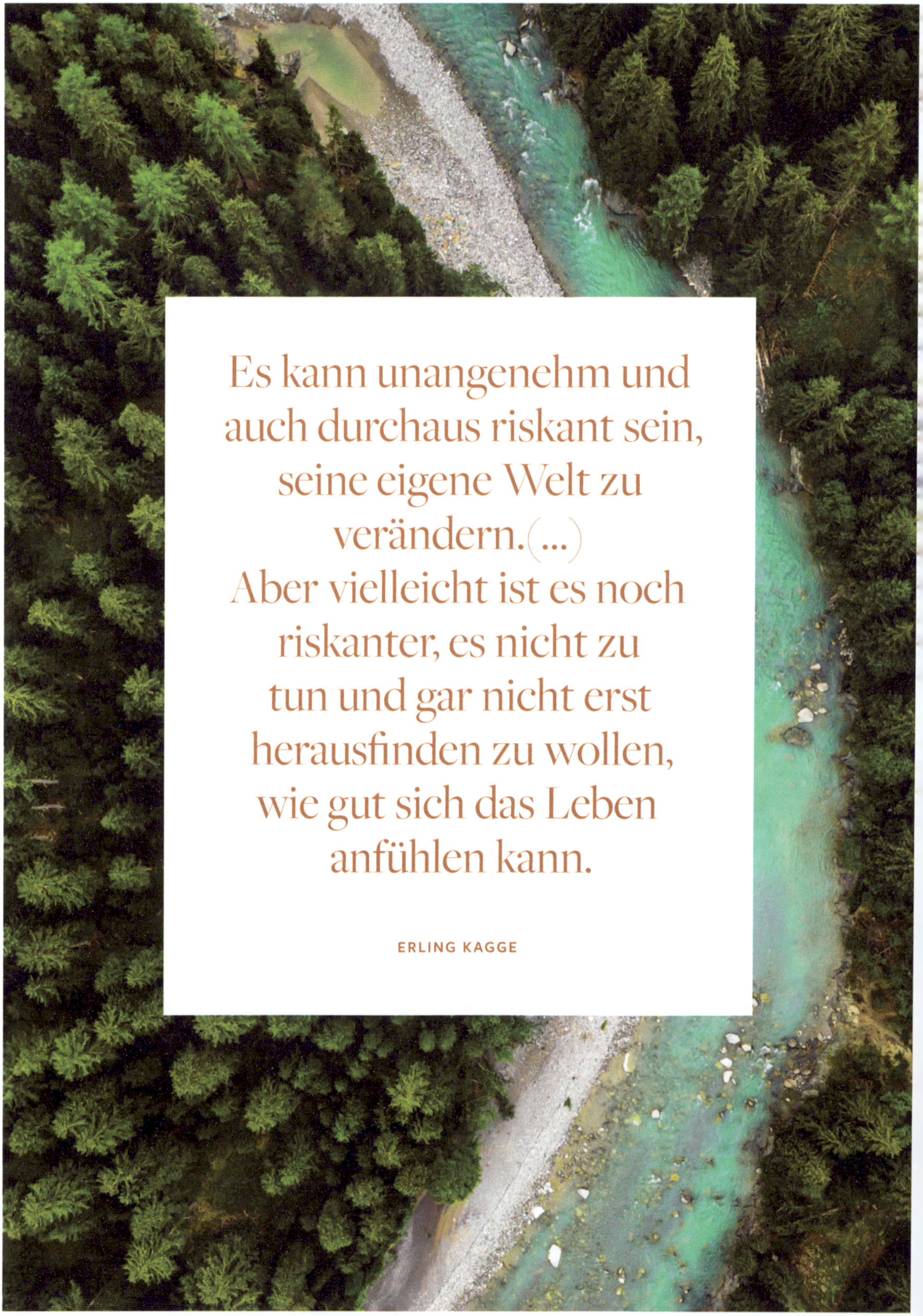

Es kann unangenehm und
auch durchaus riskant sein,
seine eigene Welt zu
verändern. (...)
Aber vielleicht ist es noch
riskanter, es nicht zu
tun und gar nicht erst
herausfinden zu wollen,
wie gut sich das Leben
anfühlen kann.

ERLING KAGGE

reichen, dann wird man mit hoher Wahrscheinlichkeit erfolgreich sein. Entscheidend hierfür ist ein Phänomen, das ich den "Conviction Effect" nenne. Ich habe darüber im Jahr 2022 für alle Menschen, die sich Veränderung wünschen, die sich in ähnlichen Situationen befinden, bereits ein Buch mit dem Titel "Das Geheimnis des Conviction Effects, die Macht der eigenen Überzeugung" geschrieben. Das jetzige Buch über das Abenteuerwandern ist nur eine Fortsetzung meiner Erkenntnisse, die möglicherweise noch einige Bücher füllen werden.

Jedenfalls trugen meine Abenteuer, auf die ich mich einließ, einen großen Teil zu meiner Genesung bei. Sowohl körperlich als auch geistig.

Ich möchte an dieser Stelle Dr. Mihaly Csikszentmihalyi, Professor für Psychologie, anführen, der den Begriff des "Flow" geprägt hat. Mit Flow beschrieb er einen Zustand, der darauf beruht, dass man in eine Sache so vertieft ist, dass nichts anderes eine Rolle zu spielen scheint und die Erfahrung in diesem Zustand an sich so erfreulich ist, dass man es selbst um einen hohen Preis tut.

Er hat in seinem gleichnamigen Buch "Flow" geschrieben, dass die Kontrolle über das eigene Handeln, das Gefühl, Herr über das eigene Schicksal zu sein, eine langanhaltende Hochstimmung und tiefe Freude auslösen würde und zu einem Maßstab werde, wie das Leben aussehen sollte.

„Es ist das, was ein Segler auf richtigem Kurs fühlt, wenn der Wind sein Haar peitscht und sein Boot wie ein junges Pferd durch die Wellen prescht – Segel, Kiel, Wind und Meer summen in Harmonie, die in den Adern des Menschen am Steuer vibriert. Es ist das, was der Maler fühlt, wenn die Farben auf der Leinwand eine magnetische Spannung zueinander aufbauen und etwas Neues, ein lebendiges Wesen vor den Augen seines erstaunten Schöpfers Gestalt annimmt. Es ist das Gefühl eines Vaters, wenn sein Kind zum ersten Mal auf sein Lächeln reagiert."

Es ist mit Sicherheit auch das, was ein Abenteurer erlebt, wenn er voll konzentriert einen Berg erklimmt, einen wilden Fluss bezwingt oder eine schwindelerregende Hängebrücke überschreitet.

Ein Flow steht in engem Zusammenhang mit dem Abenteuer und Erleben. Eine Flow Erfahrung kann uns intensive Freude, Glücksgefühle und nachhaltige Zufriedenheit bescheren. Jedenfalls gehören Kenner des Flows zu jenen Glücklichen, die eine Möglichkeit gefunden haben, postive Stimmung und Energie zu erzeugen und zu genießen.

Wenn das nicht gesund und heilend ist?

Dimension Natur

Alles ist mit allem verbunden. Unsere innere Natur, das was uns als Mensch ausmacht, ist untrennbar verbunden mit der äußeren Natur. Was wir unserer äußeren Natur antun, das tun wir auch uns an. Alles, unsere Umgebung und wir, bilden ein verwobenes Netzwerk. Auch weil wir uns getrennt von der Natur wahrnehmen, haben wir oft Schwierigkeiten mit dem Kommen und Gehen, mit dem Entstehenden und dem Vergehenden, mit dem Leben und dem Sterben. Das jedoch ist die Natur. Altes vergeht und Neues entsteht.

Speziell während der Covid-19-Pandemie wurde vielen von uns bewusst, wie wichtig die Natur als Erholungsraum ist. Während der Lockdowns waren Spaziergänge und Wanderungen in der Natur die Höhepunkte des Tages, aus denen wir Kraft schöpften. Es waren kleine Auszeiten für unsere Gemüter. Der Aufenthalt in der Natur weckte unsere Lebensgeister.

Aber nicht nur in besonders bewegten und schwierigen Zeiten kann uns die Natur Trost spenden und unser Wohlbefinden und unsere Stimmung heben. Sie steht uns immer zur Verfügung, jederzeit in ihrer vollen Vielfalt, wir müssen dieses Angebot nur nutzen.

Ist die Natur die Gesamtheit von Dingen und Lebewesen, alles was gegeben ist oder vorgefunden und nicht konstruiert wurde? Ist sie das durch sich selbst bewirkte Werden, Entstehen und Vergehen, das eigene Sein und das vom Menschen in seinem Wesen nicht Veränderbare? Gibt es eine Schöpfung? Beginnt die Natur bei den Elementarteilchen und müssen wir uns dazu in die Gefilde der Quantenphysik begeben?

> Natur ist unser Atem, der uns mit Sauerstoff versorgt, ein Leopard, der sich die Pfote leckt, eine tektonische Platte, die sich bewegt, ein sterbender Planet, ein Fisch, der einen Kiesel schubst.
>
> RUTH ALLEN

Wenn über Natur gesprochen wird, gibt es philosophische, biologische, physikalische und spirituell-religiöse Darstellungen, die viele Bücher füllen. Diese Fülle an Betrachtungsweisen hat mich beim Recherchieren überrascht.

Eine, ursprünglich vom griechischen Philosophen Aristoteles geprägte, gängige Darstellung des Naturbegriffs lautet: „Natur ist die Gesamtheit der Dinge, die frei von menschlichem Einfluss von selbst gewachsen, beziehungsweise entstanden sind, den Grund ihres Daseins in sich selbst tragen und in ihrer Entwicklung durch innere, ihnen eigentümliche Faktoren, bestimmt sind.“

Diese Darstellung ist für mich ein wenig verwirrend, denn was bedeutet das für Pflanzen in Gewächshäusern, Gärten und Parkanlagen, die von Menschen angebaut und gehegt werden? Was bedeutet es insgesamt für Tiere und Pflanzen, die vom menschlichen Einfluss geprägt sind, Flüsse, die gezähmt und begradigt wurden und wo bleibt der Mensch selbst? Natürlich verschwindet durch den menschlichen Einfluss die wilde Natur, die Wildnis, wenn wir so wollen und das finde ich in weiten Bereichen auch sehr schade. Aber bei dieser Fülle an Menschen auf unserem Planeten braucht es leider so manchen Eingriff in die wilde Natur, sonst könnten nicht alle von uns überleben. Allerdings ist nicht jede Einflussnahme notwendig und viele erfolgen aus reiner Profitgier oder Ignoranz. Dennoch sind das Wasser und die darin lebenden Tiere und Pflanzen eines begradigten Flusses immer noch Natur. Ebenso wie jeder Grashalm, der in einer Parkanlage wächst. Auch wir Menschen sind Natur, auch wenn wir uns selbst “domestiziert” haben.

Viel besser gefällt mir die Beschreibung der Psychotherapeutin Dr. Ruth Allen: „Natur ist alles Innere und Äußere. Sie ist in uns und um uns herum – von unserem Mikrobiom bis zu den Rändern des Universums.“

Ich möchte noch weiter gehen und ich hoffe, ihr erlaubt mir an dieser Stelle einen kleinen Ausflug in die Quantenphysik. Ich behaupte alles, wirklich alles ist Natur. Denn alles besteht aus den kleinsten Teilchen, die wir bisher kennen und die die Natur zu bieten hat, den Quanten. Alles was wir sehen und auch nicht sehen, was wir feste, flüssige oder gasförmige Stoffe nennen, hat eine Masse. Diese Massen haben ein Gewicht und unterlie-

Natur wiederholt ewig in weiterer Ausdehnung denselben Gedanken. Darum ist der Tropfen ein Bild des Meeres.

CHRISTIAN FRIEDRICH HEBBEL

gen der Schwerkraft. Dieses Gewicht, diese Masse, bezieht sich allerdings nur auf einen Atomkern, auf die Quarks, die den Atomkern bilden und auf die Elektronen, die um den Atomkern flitzen.

Alles um uns herum und auch wir selbst bestehen aus Atomkernen und Elektronen. Sie sind die kleinsten Teile unserer Natur. Zwischen diesen Atomkernen und den herumflitzenden Elektronen gibt es einen Raum, ein Vakuum, von unvorstellbarer Größe. Dieser Raum füllt demnach auch uns Menschen aus. Zu 99,999999999 Prozent unseres Volumens bestehen wir aus diesem masseleeren Raum, diesem Vakuum. Oder umgekehrt, zu 0,000000001 Prozent bestehen wir aus Masse. Das heißt, wäre die gesamte Masse eines Menschen komprimiert, wäre dieser Mensch zwar gleich schwer aber wir bräuchten ein Mikroskop, um ihn zu sehen. Doch es gibt ja den Raum dazwischen, das Vakuum. Nun gibt es die Theorie, die mittlerweile von vielen Wissenschaftlern geteilt wird, dass dieser Raum voll ist mit Energie und Information.
Und, um zur eigentlichen Aussage zu kommen, das fantastische daran ist, dass dieser Raum, dieses Vakuum, diese Energie und Information in uns Menschen dieselbe ist, wie in den Gegenständen um uns herum, in der Luft, in unserer Atmosphäre, in jeder Pflanze und jedem Tier, in jedem fernen Stern, jedem Planeten und dessen Trabanten, bis, wie Ruth Allen sagte, zu den Rändern unseres Universums. Unglaublich, oder? Wir müssen den Naturbegriff viel weiter denken. Alles ist mit allem verbunden. Außerhalb von Zeit und Raum durch Energie und Information. Das ist die Natur.

Wir sprechen immer von der Natur, als sei sie etwas Außenstehendes, ein Gemälde, das wir betrachten, eine Animation, die wir beliebig ein und ausschalten können, ein Produkt, über das wir bestimmen können, unser Besitz. Wir fühlen uns ihr nicht zugehörig und sie ist uns in vielen Bereichen auch fremd geworden. Und manchmal ängstigt sie uns auch. Sie passt nicht mehr in unsere Kultur und Lebensweise und dennoch sind wir Menschen eins mit dieser Natur, für die uns in weiten Teilen leider das Verständnis fehlt.

Alles ist mit allem verbunden. Unsere innere Natur, das, was uns als Mensch ausmacht, ist untrennbar verbunden mit der äußeren Natur. Was wir unserer äußeren Natur antun, das tun wir auch uns an. Alles - unsere Umgebung und wir - bilden ein verwobenes Netzwerk. Auch weil wir uns getrennt von der Natur wahrnehmen, haben wir oft Schwierigkeiten mit dem Kommen und Gehen, mit dem Entstehenden und dem Vergehenden, mit dem Leben und dem Sterben. Das jedoch ist die Natur. Altes vergeht und Neues entsteht.

Das natürliche System, das große Ganze, alles was uns umgibt und nicht von Menschenhand geschaffen wurde, hat seinen Geist, an dem wir teilhaben. Je mehr wir in den von uns Menschen geschaffenen Blasen leben, umso mehr vergessen wir, woher wir kommen, wer wir sind, was uns ausmacht.

"Wir sind Erde" (aus dem Buch "Vision Quest" von Sylvia Koch-Weser und Geseko von Lüpke):

„Wer Mensch und Natur trennt, ignoriert die Wirklichkeit. Unsere Knochen sind gebildet aus dem Kalk der Gesteine, die sich wiederum aus dem Panzer prähistorischer Muscheltiere zusammensetzten. Als jüngstes Produkt der planetarischen Evolution trägt der Mensch die ganze Geschichte des Lebens in sich. In seiner Entwicklung von der befruchteten Zelle bis zum Erwachsenen wird diese Geschichte der Evolution immer wieder nachvollzogen. Wir sind Wesen mit vielen Körpern. In uns leben Einzeller, Bakterien, Mikroorganismen, die das Ökosystem Mensch funktionieren lassen. Wir sind Teil eines zeitlosen Kreislaufs. Der Kohlenstoff unseres Körpers war schon 600-mal Biomasse, der Phosphor gar 8000-mal. Mit jedem Atemzug inhalieren wir Sauerstoff vom Anfang der Zeit, zigtausendfach geatmet von Mikroorganismen, Pflanzen, Bäumen, Tieren und Menschen. Wir bestehen, wie die Oberfläche unseres Planeten, zu 70 Prozent aus Wasser und unser Salzgehalt entspricht dem der Meere. Unser Körperwasser war einmal Gletschereis der Anden, Wasser des Pazifiks, Regen eines Hurrikans, Blut eines Dinosauriers und Grundwasser aus der Tiefe der Erde. Jedes Molekül unseres Körpers war schon einmal Stein oder Grashüpfer oder Baum oder Blume. Was wir Steine, Luft, Ozeane nennen, sind die Knochen, der Atem und das Blut unserer Ahnen, ebenso wie unserer Nachkommen. Wir sind die Erde.“

Ich merke ganz deutlich, je länger ich ohne Unterbrechung in unseren strukturierten und klar geregelten Zivilisationsblasen verweile und einem vermeintlich komfortablen Leben nachgehe, desto mehr entferne ich mich von etwas, das mir Geborgenheit und Wohlbefinden gibt. Je mehr ich der Natur den Rücken zukehre, desto mehr wende ich mich auch von mir ab, von mir und somit von meiner inneren Natur.

Mittlerweile kann ich das gut spüren. In solchen Phasen werde ich unruhig, unzufrieden und mein Leben wird flacher und ich spüre einen Drang, mich abzuwenden von diesem aufgesetzten Leben. Ich fühle mich wie ein Gefangener, eingesperrt in einem Zustand, den wir "modernes Leben" nennen.

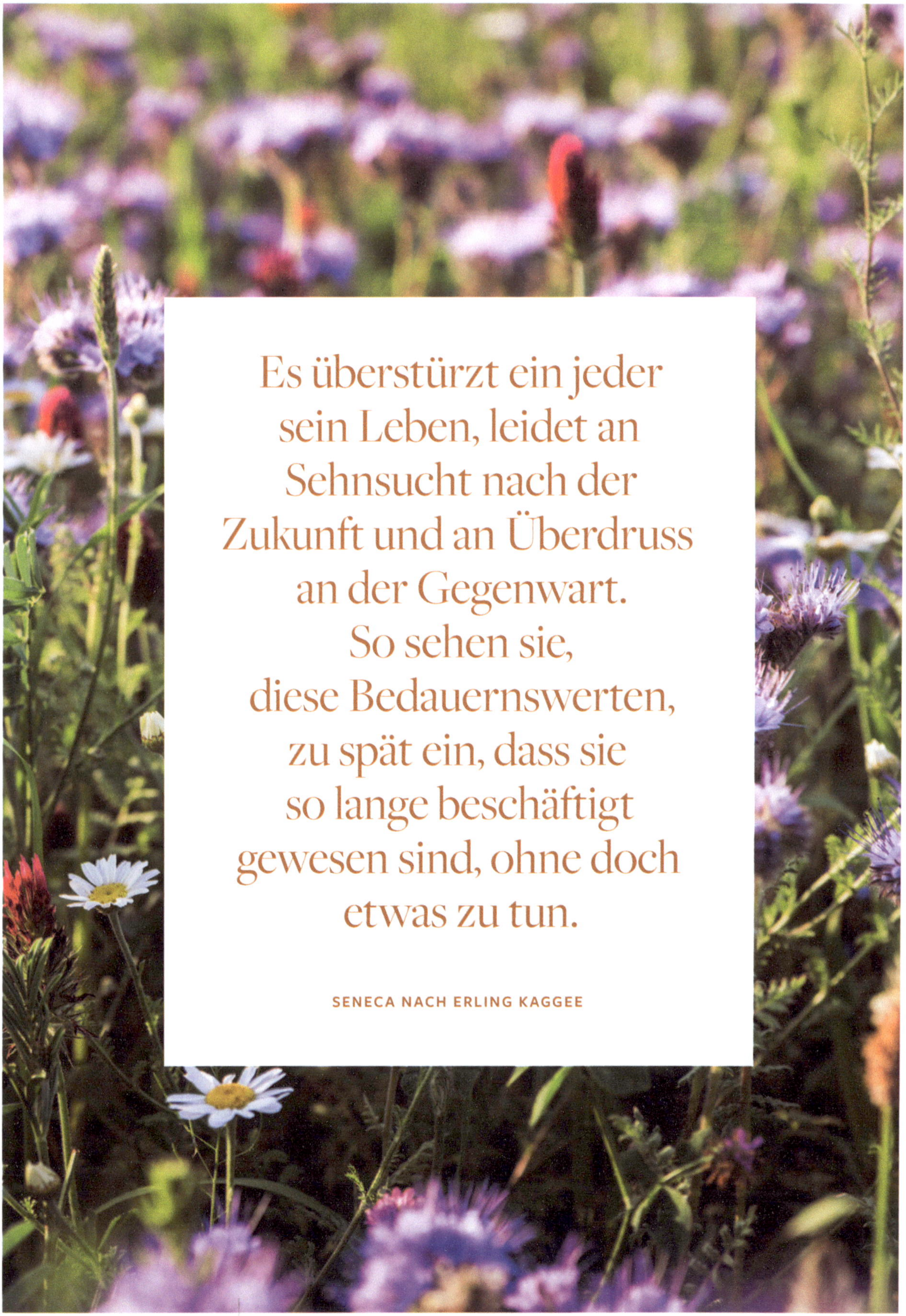

Es überstürzt ein jeder
sein Leben, leidet an
Sehnsucht nach der
Zukunft und an Überdruss
an der Gegenwart.
So sehen sie,
diese Bedauernswerten,
zu spät ein, dass sie
so lange beschäftigt
gewesen sind, ohne doch
etwas zu tun.

SENECA NACH ERLING KAGGEE

Wenn ich mich so umsehe, geht es vielen Menschen ähnlich und zumeist erkennen sie die Gründe dieses mehr und mehr flacher werdenden Lebens nicht. Zugegeben, das Leben, das sich die meisten von uns geschaffen haben, ist komfortabel, so komfortabel wie nie zuvor in der Menschheitsgeschichte. Es hat viele Vorteile, birgt aber leider auch viele Nachteile. Ein langes Leben um den Preis von Demenz und Gebrechen. Ein permanenter, sprudelnder Informationsfluss mit Reizüberflutung und der Überforderung, richtig und falsch nicht mehr zu erkennen. Leistbare Technik, die uns in Bewegungsarmut verharren lässt. Beförderungs- und Transportmöglichkeiten in Geschwindigkeiten, die uns innerhalb von 24 Stunden ans andere Ende der Welt bringen. Waren, die wir kaufen, nachdem sie rund um den Globus geschickt wurden. Alles weit entfernt von einer ökologischen Angemessenheit und alles verbunden mit einer Ungerechtigkeit, die davon abhängig ist, wo und in welcher Familie jemand geboren wurde.

Brauche ich all diesen vermeintlichen Luxus und Komfort? Ist es nicht eher so, dass mein Körper, Geist und meine Seele die Schwingungen der Natur brauchen? Ich glaube, dass viele Traurigkeiten, Ängstlichkeiten, Einsamkeiten und Unsicherheiten mit mehr Naturverbundenheit verschwinden würden. Ich habe das Gefühl, dass ich kaum geschaffen bin für ein dauerndes Leben in, wenn auch großzügig gestalteten und komfortabel ausgestatteten, Bienenwaben aus Beton und Stein, vollgestopft mit Elektronik und Technik. Ich kann dieses von uns Menschen erschaffene Leben nur dann genießen, wenn ich mir meine Freiräume schaffe und auch regelmäßige Auszeiten in der Natur habe.

Ich lebe in einem kleinen Ort in Österreich, der etwa 3500 Einwohner zählt. Neben diesem Ort fließt ein Fluss, die Enns, die an dieser Stelle Oberösterreich von Niederösterreich trennt und nach wenigen Kilometern in die Donau mündet. Die Enns umgibt dort ein kleiner Auwald und meine Wohnung liegt unmittelbar neben diesem Wald und etwa 300 Meter von diesem Fluss entfernt. Wenn ich diesen Auwald neben meiner Wohnung betrete, wenn der kleinen Ort mit seinen Menschen und dem Lärm der Straßen zurückbleibt, und die Geräusche der Natur die Oberhand gewinnen, dann passiert etwas mit mir. Meine Atmung verändert sich und wird tiefer. Schulter- und Nackenmuskulatur entspannen sich. Dadurch entsteht ein leichtes und angenehmes Kribbeln vom Hals bis zu den Fingern. Manchmal durchläuft ein Schauer meinen ganzen Körper. Meine Gedanken werden freier und ich rieche plötzlich alles. Es ist so, als hätte ich den Geruchssinn plötzlich eingeschaltet. Auch alle anderen Sinne sind geschärfter. Es entsteht eine andere Bewusstheit.

Oft reicht ein kurzer Aufenthalt in diesem nachbarschaftlichen Auwäldchen und ich fühle mich wohler und bin ein anderer Mensch. Eine Stunde entlang der Enns zu wandern, den Geräuschen der Natur zu lauschen, den Wind, das Wasser, die Planzen und Tierwelt wahrzunehmen, die mich umgeben, das reicht meist für eine Wiederherstellung meines Wohlfühlzustandes. Das ist die Kraft der Natur.

Generell ist meine Vorstellung von einem guten und gesunden Leben zu einem großen Teil mit der Natur verwoben. Die Ehrfurcht und der Respekt vor dem großen Wunder Natur begleiten mich schon lange auf all meinen Lebenswegen.

Eine Welle, die sich aufbäumt, erzählt eine andere Geschichte als jene, die sanft ans Ufer klatscht. Eine im gleißenden Sonnenlicht tanzende Blumenwiese vermittelt Schönheit und Vielfalt. Ein Wildschwein, das kurz aufsieht und davonläuft, teilt uns mit: "Der Weg ist frei". Ein wilder Hund, der bellend den Pfad verstellt, sendet eine andere Botschaft. Ein kleiner, plätschernder Bach erzählt die archaische Geschichte vom Kommen und Gehen. Ein Donnergrollen macht uns klar, Gefahr ist im Anzug und ein Felsen vermittelt uns anhand seiner Steilheit und Beschaffenheit was wir bei einem Aufstieg zu erwarten haben.

Manches ist wie Poesie, voll von Schönheit und Vollkommenheit, und manches erfüllt uns mit Schrecken. Es ist eine alte Sprache, die es gab bevor jemals ein Wort gesprochen wurde. Mit dieser Sprache wurde die Menschheit geboren und auch alles, was nicht von Menschenhand erschaffen wurde.

Es ist eine lange Wanderung durch die Wildnis. Langsam erlerne ich die Sprache der Natur. Sie kommuniziert sehr vielseitig und unterschiedlich mit mir. Mit der Sprache des Windes, die immer unterschiedlich klingt, manchmal sanft und lieblich und manchmal rau und furchteinflößend. Der Wind teilt mir mit, ob sich das Wetter ändert, in welche Richtung ich mein Zelt aufstellen kann, oder ob es an der Zeit ist, hinter einem Felsen Schutz zu suchen.

Oder mit der Sprache des Wassers, das mir erzählt woher es kommt, wie die Umgebung beschaffen ist, ob der Bach oder der Fluss, in dem es fließt, passierbar ist oder ob ich es an dieser Stelle lieber unterlassen soll. Auch mit der des Vogels, der mich aufmunterte, wenn ich verzweifelt bin und der mir sagt: "Du bist nicht allein". Ebenso verstehe ich nun die Sprache des Meeres. Es teilt mir mit, ob bei einer Strandwanderung eine Passage noch überquerbar oder durch die einsetzende Flut mit starken und gefährlichen Wellen zu rechnen ist.

Die Erde spricht
ständig zu uns,
unglücklicherweise sind
die meisten Menschen
taub für das, was sie sagt.

SUN BEAR

Sind es die Schreie des Falken, der mich attackiert, weil er sein Revier schützen will, oder das Röhren des Hirsches zur Dämmerung? Sind es die unbeschreiblichen Laute, die entstehen, wenn Wildschweine in der Nacht rund um mein Zelt den Boden pflügen, oder das Rauschen der Flügelschläge von großen Wasservögel, die sich in die Lüfte erheben? All diese Wahrnehmungen verstehe ich nun. Es sind Mitteilungen der Natur an mich.

Bei all meinen Entscheidungen bin ich immer gut beraten, auf die Natur zu hören. Ich befinde mich auf einer Passage an der Südküste Neuseelands auf meinem Weg von der Stadt Invercargill zu dem kleinen Örtchen Colac Bay. Ich bin vor 2 Tagen in Invercargill aufgebrochen. Ich wandere entlang der Küste auf breiten und einsamen Stränden, durchzogen von kleinen Rinnsalen, die ihren Weg ins Meer suchen. Das kalte Wasser der Tasmanischen See klatscht manchmal sanft und manchmal rau auf den Sand und Kies des Ufers. Die Antarktis ist nicht fern und die Temperaturen sind trotz des beginnenden Sommers entsprechend tief.

Grundsätzlich sind Strandwanderungen am leichtesten bei Ebbe zu bewältigen. Meist ist aber auch bei Flut noch ein schmaler Streifen begehbar. Dickicht oder aufragende Felsen hinter dem Strand lassen oft nur diese schmale Option offen. Allerdings ist an diesen Strandstreifen der Untergrund sehr tief, weil er, je nach Stand des Mondes, seit Tagen nicht mehr vom Wasser festgedrückt wurde. Dementsprechend anstrengend ist auch jeder Schritt. Strandwanderung, das hört sich romantisch an, ist aber eine sehr anstrengende und manchmal auch eintönige Sache.

Einige Kilometer vor Colac Bay komme ich, während die Flut einsetzt, zu einer Strandpassage, die von Felsklippen umrahmt ist. Ich kann das Ende der Felsklippen nicht erkennen. Ich habe keine Ahnung, wie lang diese Passage ist und die Flut steigt stetig. Immer wieder peitschen Wellen an die Felsen. Ich müsste durch das knietiefe Wasser waten und hoffen, dass mich keine starke Welle hinein ins kalte Meer spült. Soll ich das riskieren? Ich lege meinen Rucksack ab, setze mich und höre auf das Meer. Es erzählt mir, dass keine Welle gleich stark ist. Es sagt mir: „Oft kommen fünf, sechs leichte Wellen, aber die siebte kann es in sich haben“. Das Meer spricht eine eindeutige Sprache. Als kluger Zuhörer verstehe ich die Warnung, schlage mein Lager auf, raste, lausche und lerne. Erst beim Nachlassen der Flut mache ich mich wieder auf den Weg und durchquere die Passage völlig ungefährdet.

Natürlich bin ich nicht immer zufrieden mit dem, was mir die Wildnis mitteilt. Und da es keine einseitige Kommunikation ist, antworte ich auch oft. Ich schreie den Wind an, wenn er sich gegen mich stemmt. Ich weine vor Wut, wenn ich einen steilen, lehmigen Hang zum dritten Mal zu erklimmen versuche und jedesmal wieder abrutsche. Aber ich bedanke mich auch, wenn ich den Pfad wiederfinde, nachdem ich mich verlaufen habe. Und ich flüstere leise und freudig, wenn mich eine fast schon kitschig anmutende Stelle zur Rast einlädt und warme Sonnenstrahlen mich aufwärmen.

Die Sprache der Natur ist eine ohne Worte, ist eine Sprache der Geräusche, der Gesten und der Darstellungen. Eine Welle, die sich aufbäumt, erzählt eine andere Geschichte als jene, die sanft ans Ufer klatscht. Eine im gleißenden Sonnenlicht tanzende Blumenwiese vermittelt Schönheit und Vielfalt. Ein Wildschwein, das kurz aufsieht und davonläuft, teilt uns mit: „Der Weg ist frei". Ein wilder Hund, der bellend den Pfad verstellt, sendet eine andere Botschaft. Ein kleiner, plätschernder Bach erzählt die archaische Geschichte vom Kommen und Gehen. Ein Donnergrollen macht uns klar, Gefahr ist im Anzug und ein Felsen vermittelt uns anhand seiner Steilheit und Beschaffenheit was wir bei einem Aufstieg zu erwarten haben.

Manches ist wie Poesie, voll von Schönheit und Vollkommenheit, und manches erfüllt uns mit Schrecken. Es ist eine alte Sprache, die es gab bevor jemals ein Wort gesprochen wurde. Mit dieser Sprache wurde die Menschheit geboren und auch alles, was nicht von Menschenhand erschaffen wurde.

Diejenigen, denen diese Art der Kommunikation fremd ist, empfinden die äußere Natur oftmals als einen bedrohlichen Ort. Diese Menschen können schnell in Schwierigkeiten kommen. Wer aber diese Sprache versteht, kann vollkommen im Einklang mit der Natur leben, ohne jemals in große Gefahr zu geraten. Diese Menschen stehen in großer Verbundenheit mit der Wildnis, allen Lebewesen und Naturphänomenen. Sie wissen, wann sie Platz machen, weitergehen oder Schutz suchen müssen.

Die Natur in ihrer Wildheit, in ihrer Präsenz und mit ihren Konsequenzen, ist eine große Lehrmeisterin. Sie will keine Geheimnisse bewahren. Sie teilt ihr großes Wissen und will mit uns Menschen im Einklang leben. Sie nimmt uns gerne in ihrer großen Gemeinschaft auf. Wir müssen sie nur verstehen, sie hören, spüren, sehen und riechen. Das Wunderbare an diesen Gesprächen mit der Natur ist, dass wir alles, was wir dabei erfahren, in unser Leben übertragen können. Nicht nur in unser Leben während der Wanderung, sondern auch in unser alltägliches Leben. Diese Lehren bestehen aus: Respekt, Achtsamkeit, Fürsorge, Geduld, Kooperation, Verantwortungsbewusstsein, Risikokompetenz, Dankbarkeit, Kompromissbereitschaft, Gelassenheit und vieles mehr.

Susanne Fischer-Rizzi schreibt in ihrem Buch "Mit der Wildnis verbunden", die alte Sprache, würden wir sie ins Moderne übersetzen, sei vorwiegend auch eine Sprache der Ökologie und Nachhaltigkeit, denn sie habe den Menschen Achtung und Verantwortung gegenüber der Natur gelehrt, die beseelt und ihnen heilig war. Sie habe die Menschen auch gut zu leben gelehrt, ohne die Ressourcen der Erde zu zerstören. Die Sprache der Natur habe ihnen vermittelt, achtsam und fürsorglich mit ihr umzugehen und nur so viel zu entnehmen, wie sie wirklich brauchten. In dieser universellen Sprache hätten die Menschen auch ihre Dankbarkeit für das Leben und seine Gaben ausgedrückt.

Zu einem Informationsaustausch, wie es diese alte Sprache war, habe auch immer eine Kooperation gehört. Die Kooperation mit der Natur sei in der Geschichte der menschlichen Entwicklung jedoch immer mehr in den Hintergrund getreten.

> Der Mensch ist ein Teil des Ganzen, das wir Universum nennen, ein in Raum und Zeit begrenzter Teil.
> Er erfährt sich selbst, seine Gedanken und Gefühle als abgetrennt von allem anderen – eine Art optische Täuschung des Bewusstseins.
>
> ALBERT EINSTEIN

Warum haben wir uns von der Natur entfernt? Warum tun wir uns schwer, sie zu verstehen?

Wahrscheinlich hat dieses mangelnde Verständnis auch viel mit mangelndem Glauben zu tun. Nicht mit dem religiösen, sondern vielmehr mit dem Glauben an die Komplexität und dem Zusammenspiel der Natur und allem, was uns umgibt. Dieser Glaube ist verbunden mit einem unbedingten Vertrauen in die schöpferische Kraft dieser Umgebung. Wer an etwas glaubt, wird sich dem zuwenden, es verstehen, es lieben und gleichzeitig Verständnis erwarten. Die Natur spricht ständig in Metaphern zu uns. Sie sagt uns, sei aufmerksam, sei ruhig, gelassen und geduldig, genieße das Leben und die Ruhe, nimm dir Zeit für dich und ruhe dich aus, wenn du müde bist. Wer in der Wildnis unachtsam und ungeduldig ist, sich überfordert und nicht rastet, nicht zuhört und die Mitteilungen und Warnungen der Natur in den Wind schlägt, gefährdet sein Leben. Ist das nicht auch im Alltag so, bei der Autofahrt, der Arbeit, zu Hause? Wer ständig hetzt, nicht auf sich oder andere achtet, von Ungeduld getrieben ist, gefährdet sein Leben und das vieler anderer. Wenn nicht mit dem Leben bezahlt wird, dann mit Depressionen, Angststörungen, Herzinfarkten, Schlaganfällen und Unfällen. Freude, Spaß, Glück und Zufriedenheit bleiben auf der Strecke.

Wenn wir jedoch die eigene Einstellung zur Natur positiv verändern, werden wir uns selbst verändern. Es ist wie eine Transformation, die auch Inspiration für andere sein kann und das eigene Umfeld positiv gestaltet und somit auch das Umfeld anderer. Wir selbst, als Teil der Natur, sind die Gestalter derselben. Wir sind die Gestalter unserer Zukunft. Mit jedem Verbrechen und mit jedem Akt der Güte erschaffen wir unsere Zukunft, hieß es im Epos "Cloud Atlas". Aber nicht nur unsere Zukunft sondern auch die unseres Umfelds, denn wie es weiter heißt: „Von der Wiege bis zur Bahre sind wir mit anderen verbunden." Wir können noch weiter gehen und sagen, wir sind mit allem verbunden. Wenn wir dieses Bündnis verstehen und uns klar wird, dass alles, was wir denken und tun Auswirkungen hat, dann sind wir einen großen Schritt weiter.

Mit Achtsamkeit ein wertschätzendes Bündnis mit der Natur einzugehen, mit ihr zu kommunizieren und sie zu verstehen bedeutet, uns selbst Wertschätzung entgegen zu bringen. Das führt mit Sicherheit zu mehr Glück, Zufriedenheit und Sinn im Leben. Das ist es doch, wonach wir streben. Führen wir Gespräche mit der Natur, denn alles ist mit allem verbunden.

Achte auf deine Gedanken,
sie werden zu deinen Worten.
Achte auf deine Worte,
sie werden zu deinen Handlungen.
Achte auf deine Handlungen,
sie werden zu deinen Gewohnheiten.
Achte auf deine Gewohnheiten,
sie werden zu deinem Charakter.
Achte auf deinen Charakter,
er wird zu deinem Schicksal.

UNBEKANNT, ANGEBL. TALMUD

EINSAMKEIT UND WILDE NATUR, ZWEI MÄCHTIGE VERBÜNDETE

„Ich beginne, an meinem Lagerplatz, entlang der von mir gebauten Sitzplätze von Osten über Süden nach Westen zu gehen. Jeweils 100 bis 120 Schritte hin und wieder zurück. Ich gehe sehr langsam und bedächtig. Hin und her und hin und her, immer wieder. Während dieses langsamen, bedachten, meditativen Gehens kommt mir ein Vortrag in den Sinn, den ich vor langer Zeit einmal gehört habe. Es ging in diesem Vortrag darum, dass regelmäßige und einsame Spaziergänge in der Natur ein wichtiges Rezept sind, um psychisch gesund zu bleiben.

Den ganzen Tag verbringe ich mit meinem Meditationswalk und lege immer wieder Pausen an meinen aufgebauten Sitzgelegenheiten ein. Es ist eigenartig, dieses langsame Gehen regt mich an, anders über gewisse Dinge nachzudenken. Es ist beinahe, als würde ein Tor aufgestoßen, das immer verschlossen, dessen Vorhandensein mir gar nicht bewusst war. Denk- und Gestaltungsräume werden plötzlich für mich zugänglich, die ich nie gekannt habe."

Bei Naturvölkern war es weit verbreitet, junge Mitglieder des jeweiligen Stammes während ihres Erwachsenwerdens allein hinaus in die Wildnis zu schicken. Meist ohne Nahrung, Waffen oder andere Hilfsmittel. So verbrachten die jungen Stammesmitglieder mehrere Tage und Nächte allein, ungeschützt und fastend im Wald, in der Wüste oder in den Bergen. In dieser wilden Einsamkeit sollten sie ihre Bestimmung finden, ihren Weg erkennen und den Übergang vom leichtmütigen Kind zum verantwortungsvollen Stammesmitglied beschreiten.

Durch diese Ausgesetztheit gegenüber den Naturgewalten, durch das Fasten und das Auf-sich-allein-gestellt-sein wurde den jungen Menschen ihre innere Wildnis offenbart. Alles, was sie ausmachte und wer sie waren, zeigte sich dort ungeschminkt. Eine tiefe Selbsterkenntnis machte sich breit, die mit großer Klarheit den Weg freigab für ihre neuen Aufgaben.

Sich zu kennen ist eine wichtige Voraussetzung, um zu wissen, wohin man will. Eine mächtige Erfahrung für diese jungen Erwach-

senen, die zu machen nach Ansicht dieser Naturvölker wichtig und für den Fortbestand ihres Stammes notwendig war. Nur wer diesen Übergang in ein neues, verantwortungsvolles Leben schaffte, konnte ein wertvolles Mitglied der Gemeinschaft sein. Letztendlich war es diese Gemeinschaft, die das Überleben der Einzelnen sicherte.

Bei den Aborigines wurden Kinder auf eine lange, einsame Wanderung geschickt, den "Walkabout", um ihre Selbstbestimmung zu finden und dann als Erwachsener zurückzukehren. In Sambia wurden Mädchen am Tag ihrer ersten Monatsblutung für mehrere Monate zu einer ausgewählten Frau außerhalb des Dorfes gebracht, die sie in dieser Zeit begleitete und vorbereitete. Beim Stamm der Dagara in Burkina Faso verließen die Jugendlichen gemeinsam mit den Ältesten das Dorf für einen mehrmonatigen Initiationsritus. In alten Kulturen in Irland, in Neu Guinea und bei den Massai in Ostafrika wurden die jungen Mitglieder mehrere Monate von der Gemeinschaft abgesondert.

> Oftmals muss etwas beendet werden, um neu beginnen zu können.
>
> UNBEKANNT

Solche Übergangsrituale haben auch starke schamanische Wurzeln. Schamanische Kulturen arbeiten viel mit Ritualen zur Weiterentwicklung.

Wir finden auch Parallelen in der Bibel. Unter anderem im vierten Buch Esra: „Also fastete ich 7 Tage. Als aber die sieben Tage um waren, begannen die Gedanken meines Herzens mich mächtig zu bedrängen. Da bekam meine Seele den Geist der Einsicht."

Es gibt viele biblische Überlieferungen, bei denen drei Tabus eine große Rolle spielten – kein Essen, keinen menschlichen Kontakt, keinen Schutz vor den Gewalten der Natur.

Gute Überlieferungen von derartigen Übergangsriten gibt es, dank der mündlichen Erzählungen von Generation zu Generation und der gelebten Traditionen über jene der nordamerikanischen Ureinwohner. Das bekannteste davon ist jenes der Lakota und Teton Sioux – das "Hanblecheya" Ritual, das "Flehen um ein Gesicht". Dabei wurde "Wakan Tanka", "Das große Geheimnis", um eine Lebensvision angefleht. Es war hauptsächlich Männern und Jungen vorbehalten. Diesem Ritual, im deutschsprachigen Raum als Visionssuche bezeichnet, ging eine rituelle Reinigung voraus. Dann ließ man die einzelnen Mitglieder der Stammesgemeinschaft vier Tage und vier Nächte ohne Essen und Trinken allein in der Wildnis zurück. Nach dieser Zeit wurden sie durch das "Inipi", "Die Schwitzhütte", wieder in die Welt des Alltags zurückgebracht.

Aus solchen Ritualen können wir sehr viel lernen. Wir können daraus erkennen und ableiten, dass die Natur in Verbindung mit Einsamkeit eine große Wirkung auf uns Menschen hat und eine Entwicklung anstoßen kann, die sich positiv auf unsere Persönlichkeit und unser Zusammenleben mit anderen auswirkt.

Steven Foster und Meredith Little, zwei US-Amerikaner erkannten, dass derartige Zeremonien auch für die Menschen unserer Zeit bedeutend sind und haben von den nordamerikanischen Ureinwohnern diesen Übergangsritus übernommen und an unsere Zeit angepasst.

"Vision Quest" war die amerikanische Bezeichnung dafür und für den deutschen Sprachraum wurde das Ritual zur "Visionssuche".

Ziel war es, auch als moderner Mensch die Chance zu bekommen, im Spiegel der Natur sich selbst zu erkennen. Eine Standortbestimmung, die es uns ermöglicht, Altes hinter uns zu lassen und auf Neues zuzugehen. Eine Veränderung zuzulassen, ähnlich einer Neugeburt.

Ein Ausflug in die Märchenwelt zeigt uns Ähnliches. Die Helden in diesen Erzählungen verlassen ihre gewohnte Welt, begeben sich allein in die dunkle Wildnis, stellen sich unbekannten Gefahren, inneren Dämonen oder übernatürlichen Herausforderungen, bewältigen diese mit all ihrer Kraft und Tapferkeit und kehren gewandelt und mit neuer sozialer Reife in ihre Gemeinschaften zurück.

Ich begab mich vor einigen Jahren in Santa Olalla del Cala, Andalusien, Spanien, auf den Pfad der Visionssuche. Ich merkte damals, dass es an der Zeit war, mich zu finden und neu zu orientieren. In dem kleinen spanischen Ort traf ich auf eine nette Gruppe (11 Teilnehmer) von ganz unterschiedlichen Personen, die sich gemeinsam mit mir auf diesen ungewöhnlichen Ritus einlassen wollten. Unsere Behüter und Begleiter waren Sylvia und Christian, zwei tolle und sehr erfahrene Visionssuche-Leiter.

Nach einer mehrtägigen, für mich doch sehr ungewöhnlichen und intensiven Vorbereitungszeit, mit viel Ehrlichkeit, Vertrauen, Spiritualität und auch mit vielen Tränen, begaben wir uns hinaus in die Wildnis Andalusiens und auf die Reise zu uns selbst.

Das sind Auszüge aus meinem Tagebuch, welches ich während meiner Visionssuche führte:

14.03.2017 (Vorbereitungszeit)

Die ersten Erzählungen der Teilnehmerinnen und Teilnehmer gehen mir sehr nahe. Sie berichten über ihr Leben über ihre Kindheit, über Missbrauch und Gewalt. Sie erzählen, warum sie hier sind und was sie sich wünschen. Während ich ihre Geschichten und die Gründe für ihre Teilnahme höre, kommen mir meine eigenen sehr banal vor. Die Richtung in meinem Leben wiederzufinden, weniger Oberflächlichkeit und mehr Tiefe, das sind meine Anliegen.

Ich erzähle in der Gruppe über die jüngsten Veränderungen in meinem Leben und wie es mir dabei geht. Es fällt mir leicht, weil auch alle anderen sehr offen und ehrlich und vor allem verständnisvoll sind. Dieses Verständnis und diese Ehrlichkeit sind sehr überraschend für mich. Ich habe das in dieser Art noch nicht erlebt. Christian und Sylvia unterstützen uns dabei auf eine sehr angenehme und vertrauensvolle Weise.

15.03.2017 (Vorbereitungszeit)
Es gibt einen kleinen Gemeinschaftsraum in der einfachen Finka, in der wir untergebracht sind. Weit entfernt von anderen Menschen. Eine Köchin und ein Arbeiter sind die einzigen Menschen, die sich mit uns dort aufhal-

ten. In diesem Gemeinschaftsraum wird am Morgen nach dem Frühstück geräuchert, gerasselt und gesungen. Eigenartig? Ja, auch für mich.

Nach diesem Einstiegsritual begeben wir uns auf eine Einzelwanderung. Jede und jeder für sich und ganz ohne Vorgaben.

Ich marschiere los. Motiviert, die Gegend zu erkunden. Der große weiße Hund der Finka begrüßt mich bei meinem Aufbruch und begleitet mich ein Stück des Weges. Ein Schaf in einer Schafherde bleibt stehen, während die anderen davonlaufen. Es hat scheinbar keine Angst vor mir und dem Hund. Als ich weitergehe, bleibt es mit dem Hund zurück. Kleinigkeiten. Es ist merkwürdig, während ich das schreibe, merke ich, dass sich bereits etwas in mir verändert hat. Ich bin aufmerksamer und achtsamer. Ich denke, ich bin angekommen. Während der Wanderung finde ich Wiesen, die weiß bedeckt sind mit Gänseblümchen. Ich begegne auch einer großen Zahl von Steineichen, die scheinbar von einem Pilz befallen sind. Kahl strecken sie ihre Äste in den Himmel. Ich denke, wie könnt ihr mir helfen wenn ihr doch selbst so krank seid?

> *Ich möchte nicht mehr der Anerkennung und Selbstbestätigung nachlaufen. Ich möchte das Selbstbewusstsein erlangen, dass ich mit dem, was mich ausmacht, was ich ungeschminkt darstelle, zufrieden bin.*

16.03.2017 (Vorbereitungszeit)

Ein neuer Tag. Ein gutes Frühstück mit Begrüßung des Tages in unserer kleinen Finka. Heute machen wir wieder eine Wanderung - einzeln - um unser inneres Kind zu treffen, um unser Kind an der Hand zu nehmen und um unser inneres Kind zu sein.

Ich laufe herum, springe, werfe mit Steinen, schreie und lausche dem Echo, ziehe mich nackt aus und lege mich auf einen abgestorbenen Baum. Es ist sehr befreiend, mein Kind in mir zu spüren und es zu entfesseln.

Die anschließende gemeinsame Runde mit den anderen bekommt eine unglaubliche Dynamik. Es fließen viele Tränen. Tränen des Schmerzes, der Trauer, der Wut. Vielleicht auch Tränen der verpassten Chancen und der Hilflosigkeit, Mutlosigkeit und Verzagtheit in dieser oft so unverständlichen Welt.

17.03.2017 (Vorbereitungszeit)
Es geht um Veränderung. Veränderung begreifen und annehmen. Veränderung nutzen und nicht versäumen. Die Schrittfrequenz im Leben zu ändern. Eine neue Chance zu ergreifen. Das alte Kleid abstreifen, liebevoll zusammenlegen und aufbewahren. Das Alte ist ein Teil von mir und wird es immer bleiben. Es gilt Frieden zu schließen mit dem Alten und Vergangenen.

> *Ich suche heute die größte Wunde meines Lebens. Ich suche meinen Dämon, umarme ihn und nehme ihm dadurch seine Schrecken.*

19.03.2017 (Vorbereitungszeit)
Heute gehts erstmals in das Auszeitgebiet. Wir werden vom Base Camp aus sternförmig ausgesendet, um einen Platz zu finden, wo wir unsere Auszeit verbringen wollen. Ich finde nach einigen Stunden eine schöne Stelle, die mich einlädt. Sie befindet sich auf einem Hügelrücken, der den Blick in 3 Himmelsrichtungen freigibt. Dort deponiere ich meine 20 Liter Wasser. Die einzige Verpflegung für die bevorstehende vier Tage und vier Nächte in der Auszeit. Ein Sicherheitsplatz wird mit Bernhard und Beate festgelegt. Diese beiden sind meinem Auszeitplatz am nächsten und doch so weit entfernt, dass wir uns nicht gegenseitig stören und auch nicht über den Weg laufen können. Auf diesem Sicherheitsplatz sollen wir während der Auszeit jeden Tag einen Stein deponieren, um den anderen mitzuteilen, dass wir gesund sind und es uns gut geht. Beate morgens, ich mittags und Bernhard abends.
Heute spüre ich eine Schwermut und tiefe Traurigkeit.

Abends in unserer Finka geben wir uns gegenseitig das Versprechen, vorsichtig zu sein. Alles ist sehr berührend.

20.03.2017 (1.Tag der Auszeit)
Wir betreten einzeln einen Steinkreis. Ich werde wie alle anderen von Sylvia eingeräuchert. Sie gibt mir Wünsche mit. Sie bittet alle Wesen, mir beizustehen und mir zu helfen loszulassen. Bei dieser Zeremonie, bei der alle anderen um mich herum stehen und Silvia leise Worte wie Gebete spricht, während sie den Rauch mit einer großen Adlerfeder an mir verteilt, spüre ich die Geister der Natur, die mich umgeben.

Wir umarmen uns und wandern zu unseren Plätzen. Ich bin wie im Flow. Die Auszeit hat begonnen.

An meinem Auszeitplatz angekommen, überkommt mich wieder eine große Traurigkeit. Ich hadere mit meinen Entscheidungen. Mir fehlen die Menschen. Ich fühle mich zerrissen und schwermütig.

Es ist Nachmittag und es geht mir besser. Zwei kleine Vögel leisten mir Gesellschaft. Sie fliegen um mich herum und freuen sich des Lebens. Unbekümmert und im wahrsten Sinne des Wortes frei wie ein Vogel. Das Leben ist doch schön. Ich glaube jetzt, dass ich ganz zufrieden bin mit meinem Leben. Wenn ich nun auch noch mein Versprechen an mich einlösen kann! Ein Teil dieses Versprechens soll lauten:

> *Ich bin nun bereit die viele Anstrengungen*
> *und meinen verbissenen Eifer nach Erfolg und*
> *Anerkennung loszulassen.*

Die Schatten werden länger. Von meinem Platz aus habe ich freie Sicht nach Osten, Süden und Westen. Ich baue mir in jede Himmelsrichtung eine Sitzgelegenheit. Am westlichen Platz beobachte ich einen unglaublichen Sonnenuntergang. Ja, das Leben ist schön!

21.03.2017 (2.Tag der Auszeit)

Die Nacht war okay. Ich konnte viel schlafen, bin aber zwischendurch immer wieder aufgewacht. Der Mond ist sehr spät aufgegangen. Gegen Morgen wurde mir im Schlafsack kalt. Der Tag beginnt mit einem blutroten Sonnenaufgang. Es scheint, als würde der gesamte Horizont unter gelben, orangen, roten und violetten Flammen stehen. Unglaublich schön! Die ersten Sonnenstrahlen wärmen mich.

Die beiden Vögel sind auch wieder da. Meine Begleiter. Die Stunden vergehen sehr langsam. Gegen Mittag gehe ich zum Sicherheitsplatz, um meinen Stein niederzulegen. Ich habe Kopfweh und nehme mir vor, mehr zu trinken. Zurück am Platz blicke ich auf einen kleinen See, der sich im Süden unter meinem Lager befindet. Ich gehe hinunter. Er ist glasklar und man kann viele unterschiedliche Fische erkennen. Fünf Hirschkühe, die in nur 50

Metern Entfernung von mir vorbeigaloppieren, schrecken mich von meinen Fischbeobachtungen auf. Prachtvolle, starke Tiere.

In wenigen Stunden beginnt meine zweite Nacht. Zuvor werde ich für die heutige Nacht mein Tarp aufbauen. Es sieht nach Regen aus.

22.03.2017 (3.Tag der Auszeit)

Ich habe gut geschlafen und zwölf Stunden im Schlafsack verbracht. Ich kann mich gar nicht erinnern, wann ich das letzte Mal so lange geschlafen habe. Ich fühle mich ausgeruht und voller Energie. Natur, Fasten, Einsamkeit, die drei Kriterien der Visionssuche, wirken möglicherweise bereits. Das Fasten macht mir nichts aus. Im Gegenteil, ich habe das Gefühl, es stärkt mich.

Die Natur ist unglaublich hier. Ich beobachte viel, lasse mir Zeit dabei, entdecke Kleinigkeiten, wie wunderschöne kleine Steine, Pflanzen, die ich noch nie wahrgenommen habe, das Konzert der Vögel, unbekannte Geräusche aus dem Dickicht. Das mit der Einsamkeit ist etwas schwieriger. Mir fehlen die Menschen.

In mir findet eine Veränderung statt. Ich habe das Gefühl, präsenter und aufmerksamer zu sein.

Am Vormittag mache ich eine Übung im Stehen. Ich verankere mich mit dem Boden, indem ich mir vorstelle, aus meiner Fußsohle wachsen Wurzeln in den Boden. Zuerst nur kleine, die immer stärker werden und mich sicher mit der Erde verbinden. Gleichzeitig atme ich mit jedem Atemzug Energie ein, die mir Kraft gibt und diese Wurzeln wachsen lässt. In meiner Vorstellung verbinde ich mich von meinem Scheitelpunkt aus durch einen unendlich langen Strahl mit dem Universum. So stehe ich lange. Mir gehts gut. Ich bin gut drauf. Das Universum ist groß und ich nehme mich viel zu wichtig, denke ich. Dieser Gedanke fühlt sich gut an.

Der Mensch sollte sich der Natur anpassen. Im Gleichklang mit ihr leben.
Dem großen Ganzen ist der Erfolg und Wohlstand des einzelnen Menschen nicht wichtig, sondern nur, wie er die Natur achtet.
Der Mensch ist Bestandteil dieser Natur.

Ich fühle eine große Verbundenheit mit meinem Platz und mit allem um mich herum.

23.03.2017 (4. Tag der Auszeit)

Es hat die ganze Nacht geregnet. Endlich der erste Lichtschein am Horizont. Eine lange und anstrengende Nacht ist vorüber. Ich habe wenig geschlafen.

Ich beginne, an meinem Lagerplatz, entlang der von mir gebauten Sitzplätze von Osten über Süden nach Westen zu gehen. Jeweils 100 bis 120 Schritte hin und wieder zurück. Ich gehe sehr langsam und bedächtig. Hin und her und hin und her, immer wieder. Während dieses langsamen, bedachten, meditativen Gehens kommt mir ein Vortrag in den Sinn, den ich vor langer Zeit einmal gehört habe. Es ging in diesem Vortrag darum, dass regelmäßige und einsame Spaziergänge in der Natur ein wichtiges Rezept sind, um psychisch gesund zu bleiben.

Den ganzen Tag verbringe ich mit meinem Meditationswalk und lege immer wieder Pausen an meinen aufgebauten Sitzgelegenheiten ein. Es ist eigenartig, dieses langsame Gehen regt mich an, anders über gewisse Dinge nachzudenken. Es ist beinahe, als würde ein Tor aufgestoßen, das

immer verschlossen, dessen Vorhandensein mir gar nicht bewusst war. Denk- und Gestaltungsräume werden plötzlich für mich zugänglich, die ich nie gekannt habe. Beispielsweise das Vertrauen zu haben, dass getroffene Entscheidung, jeder Gedanke und jede Handlung, sofern nicht andere zu Schaden kamen, gut waren und auch sein durften. Ein Vertrauen in mich als Person und gleichzeitig in mich als Teil des großen Ganzen stellt sich ein. Veränderungen sind gut und berechtigt, wenn ich dabei auf andere achte und zu mir ehrlich bin. Viel schlimmer wäre es, würde ich keine Veränderungen anstreben, wenn sich für mich etwas falsch anfühlt.

> *Ich möchte mir in Zukunft mehr Zeit für solche Spaziergänge in der Natur nehmen. Es tut mir gut, befreit mich von Ängsten und Zwängen und macht mich frei für ein gutes Leben.*

Die letzte Nacht beginnt. Nach dem Sonnenuntergang wickle ich mich in meinen Schlafsack.

24.03.2017 (Letzter Morgen der Auszeit)

Stunden vor Sonnenaufgang werde ich munter und bleibe wach. Ich will diese letzten Stunden meiner Auszeit noch nutzen und alles um mich he-

rum aufsaugen. Nach einiger Zeit geht der Mond auf. Eine Sichel kurz vor Neumond. Etwa zwei bis drei Stunden danach kommt die Sonne. Es ist bitter kalt. Die Sonnenstrahlen wärmen mich ein wenig. Langsam und bedächtig baue ich mein Tarp ab, packe meinen kleinen Rucksack und versuche, mich von meinem Platz gut und würdig zu verabschieden, all die Gedanken und Erkenntnisse mitzunehmen. Ich möchte diese Zeit nie mehr vergessen.

Ich gehe zum Sicherheitsplatz, um mich ein letztes Mal zu vergewissern, ob alle Steine dort sind. Überraschenderweise wartet Bernhard dort auf mich und wir gehen schweigend den etwa zwei Stunden langen Weg zum Base Camp zurück. Dort trete ich wieder ein in denselben Steinkreis, den ich vor 96 Stunden verlassen habe. Mit Räuchern, Rasseln und Liedern wird jeder von uns empfangen. Wir fallen uns in die Arme. Weinen vor Freude. Alle sind glücklich. Auch diejenigen, die es nicht durchgehalten haben.

> *"Fly like an eagle, soaring so high.*
> *Circling the universe on wings of pure light.*
> *This place is holy, sacred is the ground.*
> *Forest mountain river listen to their sound."*

Ich habe während meiner Auszeit in Andalusien eine unglaublich große und heilende Verbundenheit mit der Natur gespürt, die bis jetzt nachwirkt. Durch dieses intensive Erlebnis ist meine Achtung vor der Natur, die uns umgibt, enorm gestiegen. Ebenso der Glaube an eine tiefe Verbindung mit allem, was uns umgibt, das Wahrnehmbare und das Verborgene.

Meinem Ziel, die Richtung in meinem Leben mit weniger Oberflächlichkeit und mehr Tiefe zu finden, bin ich einige Schritte näher gekommen. Ich bin auf einem guten Weg. Ich weiß jetzt, dass es in Ordnung ist, meinem Herzen zu folgen.

Ich kann mir vorstellen, beziehungsweise bin ich mir sicher, dass einige von euch auch ohne Visionssuche und ohne lange Abenteuerwanderungen, während eines Aufenthaltes in der Natur, während eines Spaziergangs, einer kleinen Wanderung, ähnliche Momente erlebt haben wie ich, während meiner Auszeit. Es sind Momente der Klarheit und Erkenntnis, begleitet von einem Gefühl unglaublicher Ruhe und Gelassenheit. Es gilt, die Erinnerung an diese Momente zu erhalten und sich an dem Erlebten zu orientieren."

Wir leben in einer Zeit, in der wir oftmals stark mit Überforderung zu kämpfen haben. Wir sind mit Krisen, Unsicherheiten, Informationsflut, Stress in Arbeit und Freizeit und vielem mehr konfrontiert. Dadurch fühlen wir uns überfordert, gehetzt und in einem permanenten, latenten Angst- und Erregungszustand.

Die zunehmende Digitalisierung, Social Media & Co, der unbegrenzte Zugang zu Informationen, seien sie falsch oder richtig, verschärfen die Lage noch. Zudem scheint es, je mehr technisches Equipment wir einsetzen, um uns zu entlasten, umso heftiger wird es für uns. All diese Einflüsse und Gegebenheiten unseres täglichen Lebens sind große Anforderungen an unseren Geist, den wir permanent überanstrengen, ohne es zu merken. Immer mehr Menschen machen mit ihrer Psyche einen Sprint und Marathon zugleich. Wir brauchen Pausen von TV, Smartphone, Internet und der dadurch entstehenden Informations- und Kommunikationsflut, um zu regenerieren.

Ein Aufenthalt in der Natur kann helfen. Ganz besonders, wenn wir ihn ohne das allgegenwertigen Mobiltelefon und allein machen. Über die Länge des Aufenthaltes kann man streiten. Wenn ihr zu den Personen gehört, bei denen solche Spaziergänge in der Natur bereits zur gelebten Praxis gehören, kennt ihr die positive Wirkung und habt sie schätzen gelernt. In eurem Fall können bereits kurze Auszeiten große Wirkung haben, da ihr bereits geübt seid im Abschalten und Einlassen auf die Umgebung. Wenn ihr solche Auszeiten kaum oder nie praktiziert und euch nun darauf einlassen möchtet, werdet ihr möglicherweise etwas länger brauchen, um eine positive Wirkung zu spüren. Es kann durchaus sein, dass der Aufenthalt allein und ohne Ablenkung für euch anfangs unangenehm ist. Einsam, ohne Kommunikationsmittel und Beschäftigung, einfach ziellos durch den Wald zu wandern oder an einem Platz innezuhalten, ist ungewohnt und wird eher Unruhe fördern als dämpfen. Die Gedanken werden um Probleme kreisen und es kann sein, dass euch anfangs die Schönheiten der äußeren Natur verborgen und der Zugang zu eurer inneren Natur verwehrt bleiben. Wenn ihr euch nur eine kurze Auszeit in der Natur gönnt, schnell hineingepresst in einen Tag voller Termine, wird euch das eher als negatives Ereignis in Erinnerung bleiben.

Anfangs, zur Gewöhnung, würde ich längere Aufenthalte in der Natur, zumindest von mehreren Stunden, empfehlen, um ein Abschalten zu ermöglichen. Es braucht seine Zeit, um das Kreisen der Gedanken zu verlangsamen und um zur Ruhe zu kommen und die eigenen Kanäle für Positives zu öffnen. Wenn bei euch eine Achtsamkeit der Umgebung gegenüber entsteht, Freude über die Schönheiten der Natur aufkommt, wenn ihr euch längere Zeit auf einer Stelle aufhalten, auf einen See, einen Baum oder einen Bach blicken könnt, ohne dass euch das als vergeudetet Zeit vorkommt und ohne dass ihr unruhig werdet, dann seid ihr auf dem richtigen Weg.

„Die zivilisatorische Schicht, die uns von der Natur trennt, ist nicht dicker als drei Tage", sagt der amerikanische Psychologe Robert Greenway.

Sylvia Koch-Weser und Geseko von Lüpke meinen, „wer länger in der Wildnis bleibt, träumt anders, denkt anders und nimmt anders wahr. Wenn man sich von seiner gewohnten Umgebung trennt, entsteht ein Raum für neue Wahrnehmungen und für neue Aufmerksamkeiten."

Um das Thema auf den Punkt zu bringen: Ein Aufenthalt in der Natur hat in den meisten Fällen eine positive Wirkung auf uns. Wie lange die Dauer dieses Aufenthaltes sein sollte, um wirksam zu sein, darüber lässt sich streiten. Das wird auch individuell unterschiedlich sein. Ich bin der Meinung, dass so mancher Spaziergang in der Natur, auch wenn er nur ein oder zwei Stunden dauert, sehr hilfreich und wirkungsvoll sein kann. Diese Wirkung wird durch das Element der Einsamkeit nochmals verstärkt. Einsamkeit für sich, ohne Natur und auf Dauer ohne Aussicht auf zukünftige soziale Kontakte, ist mit Sicherheit nicht gesund. Aber in Verbindung mit Natur und zeitlich begrenzt bekommt sie eine andere Bedeutung.

Natur beobachten und genießen, hat unglaublich viele positive Effekte auf uns. Die Einsamkeit ermöglicht erst dieses Beobachten und Genießen, weil man dabei auch ungestört ist und achtsam sein kann.

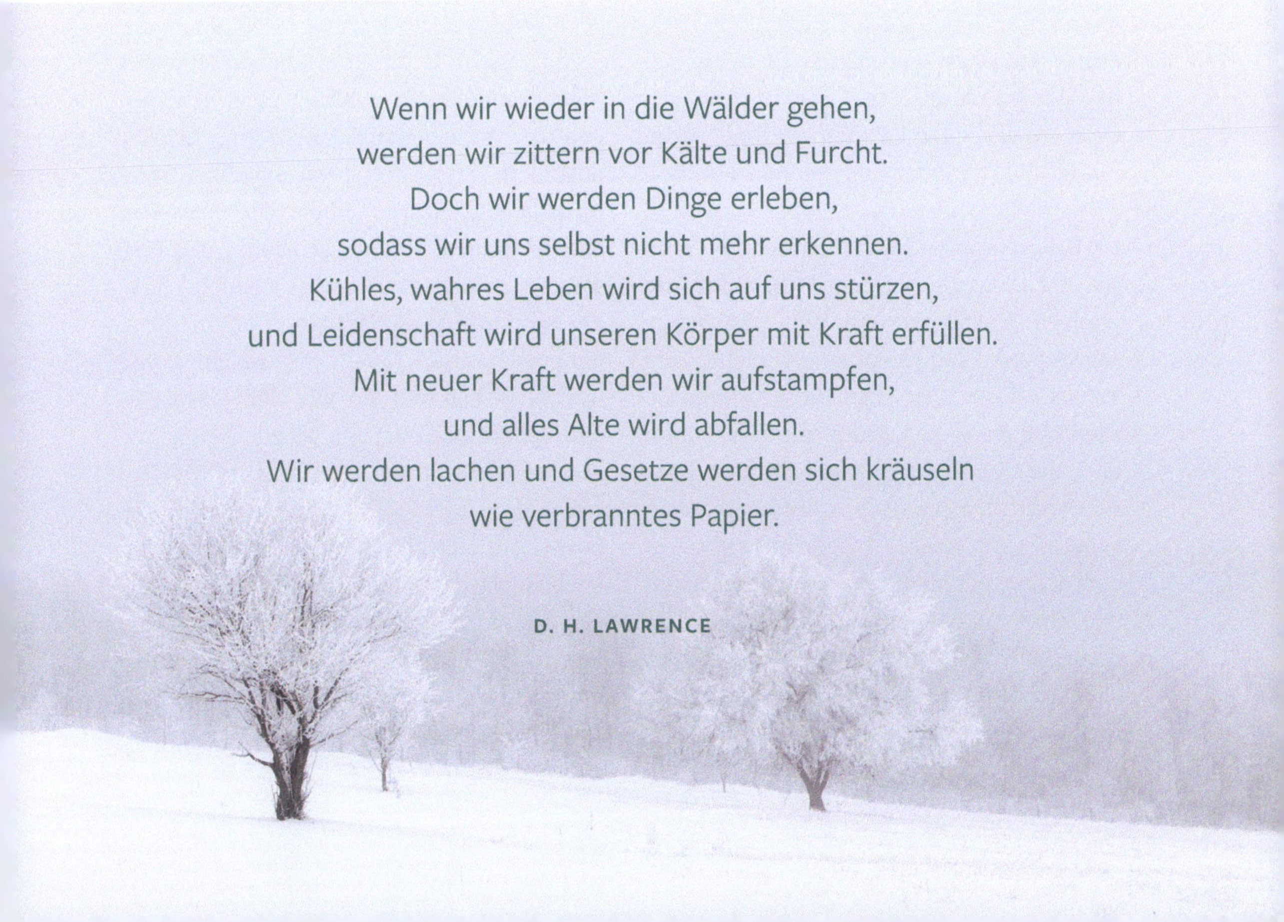

Wenn wir wieder in die Wälder gehen,
werden wir zittern vor Kälte und Furcht.
Doch wir werden Dinge erleben,
sodass wir uns selbst nicht mehr erkennen.
Kühles, wahres Leben wird sich auf uns stürzen,
und Leidenschaft wird unseren Körper mit Kraft erfüllen.
Mit neuer Kraft werden wir aufstampfen,
und alles Alte wird abfallen.
Wir werden lachen und Gesetze werden sich kräuseln
wie verbranntes Papier.

D. H. LAWRENCE

DIE NATUR GEGEN STRESS UND ANGST

Um zu entspannen und abzuschalten, um Stress und Ängste als krankmachende Faktoren zu minimieren, ist die Natur eine wichtige Partnerin. Dazu müssen wir nicht unbedingt in die unberührte Wildnis. Es reichen Aufenthalte in Parks und parkähnlichen Anlagen, womit auch die meisten Stadtbewohner diese Möglichkeit in erreichbarer Nähe haben. Wer krankheitshalber oder aus anderen Gründen nicht hinausgehen kann und dennoch Entspannung und Regeneration sucht, hat die Möglichkeit, durch Naturaufnahmen in Bildbänden oder auf dem Bildschirm diese zu erlangen. Natürlich kommt die "Indoor Nature" an die Wirkung des echten Ökosystems nicht heran, aber auch sie kann Stresssymptome und Ängste lindern.

Stress und Angst sind massiv krankmachende Faktoren für unseren Körper und unseren Geist. Es gilt, diese Faktoren zu minimieren, um gesund zu werden und gesund zu bleiben.

Dr. Kelly Turner, US-amerikanische Forscherin und Beraterin auf dem Gebiet der integrativen Krebsforschung mit Forschungsschwerpunkt Radikalremission, meint zum Thema Stress: „Seit ungefähr 20 Jahren befasst sich die Wissenschaft mit der Theorie, dass die Verarbeitung unterdrückter Emotionen für den physischen Körper gut sein kann. Ein besonderes Augenmerk gilt dabei dem Stress, mit all seinen Auswirkungen auf den Körper, mit dem sich schon sehr viele Studien befasst haben. Eine der bahnbrechenden Studien zum Thema Stress wurde 1991 im New England Journal of Medicine veröffentlicht. In dieser Studie mussten 420 Männer und Frauen zunächst einen Fragebogen zu verschiedenen Faktoren ihres Lebens ausfüllen, ihren Stresslevel eingeschlossen. Anschließend wurde einem Teil der Versuchspersonen das Nasenspray gegeben, welches Saline (Salz) enthielt, wohingegen der andere Teil das Nasenspray bekam, dem ein gewöhnliches Erkältungsvirus beigefügt war. Natürlich wurden alle Versuchspersonen im Vorfeld über die Möglichkeit einer Verabreichung (Anm.: Erkältungsvirus) informiert. Diejenigen, die einen höheren Stresslevel angegeben hatten, entwickelten unabhängig davon welches Nasenspray sie eingenommen hatten, einen ausgewachsenen grippalen Infekt, während die Personen mit niedrigerem Stresslevel die Erkältung besser abwehren konnten. (...)

Lebe nach den
Werten der Natur,
dann bist du frei
von Angst.

UNBEKANNT

Diese Studie konnte demnach nachweisen, dass Stress den Menschen für Erkrankungen anfälliger macht.

Nach dieser Studie konnten Hunderte von weiteren wissenschaftlichen Forschungen belegen, dass Stress nicht nur mit einer normalen Erkältung assoziiert werden kann, sondern auch mit schwerwiegenden Erkrankungen wie Herzleiden, Autoimmunerkrankungen und Krebs.“

Auch bei einer kooperativen Untersuchung durch die University of British Columbia gemeinsam mit der Carnegie Mellon University aus Pittsburgh wurde festgestellt, dass bei psychischem und sozialem Stress die Behandlungen von Depressionen, Immunschwäche und Herz-Kreislauf-Erkrankungen negativ beeinträchtigt werden.

Neben Stress ist auch Angst ein krankmachender Faktor. So meint der Wissenschafts- und Medizinjournalist Klaus Bernhardt, der sich umfassend mit diesem Phänomen auseinandergesetzt hat, dass regelmäßiges, sorgenvolles Denken, gepaart mit negativen Emotionen, nachweislich die Strukturen unseres Gehirns verändern würde. Die Angst vor der Angst werde so, binnen weniger Wochen oder gar Tage zu einem vollständig automatisch ablaufenden Denkmuster, das sich über synaptische Verbindungen tief im Kopf verankern würde. Häufiges negatives Denken könne die neurobiologische Grundlage für das Entstehen von Panikattacken schaffen.

Auch die Angst vor Veränderung kann fatale Auswirkungen haben. Insbesondere, wenn wir an Dingen festhalten, die uns nicht guttun. Das hält selbst der fitteste Organismus nicht aus. Die Folge sind Krankheitsbilder wie Magengeschwüre, Bandscheibenvorfälle, Durchfälle, Gürtelrosen und Hautirritationen, um nur einige aufzuzählen. Oftmals gehen diesen körperlichen Krankheitsbildern Panikattacken, als Reaktion auf die aus Ängstlichkeit aufrechterhaltenen, krankmachenden Lebensumstände voraus.

Angst und auch Stress machen es dem Körper unmöglich, in einen entspannten, ruhenden und regenerativen Zustand zu gelangen. Verspürt jemand Angst, kann sein Körper nicht regenerieren und somit sind Heilungsprozesse ausgeschaltet.

Es konnte festgestellt werden, dass ängstliche Menschen oder Personen, die einem Stressfaktor ausgesetzt waren, keine natürlichen Killerzellen mehr produzierten. Killerzellen sind Zellen des Immunsystems, die veränderte Körperzellen, wie zum Beispiel Krebszellen, identifizieren und zerstören.

Der österreichische Biologe und Autor Clemens Arvay meinte, das sympathische Nervensystem, der Sympathikus oder der “Nerv der Erregung”, dessen Netzwerk unseren Körper durchzieht, werde bei Stress und Angst stark aktiviert. Die Aufgabe des Sympathikus sei es, uns flucht- und kampfbereit zu machen. Blutdruck und Pulsfrequenz würden steigen, die Extremitäten stärker durchblutet und Hormone ausgeschüttet werden. All das würde uns für die bevorstehende Herausforderung aktivieren. Ein derartiger Zustand sei in vielen Situationen überlebenswichtig.

Wir haben diese Aktivierung bereits im Kapitel "Wandern für einen gesunden und wachen Geist" in Bezug auf die Adrenalinausschüttung behandelt, weshalb ich nicht mehr genauer darauf eingehen möchte. Nur so viel nochmals zur Erinnerung: Auf Dauer wirkt sich ein solcher Aktivierungsmodus sehr negativ auf unseren Organismus aus, weil viele Funktionen in unserem Organismus durch eine solche Aktivierung des Sympathikus verändert werden. Wichtige Körpersysteme werden heruntergefahren, um Energie für Flucht und Angriff bereitzustellen.

Gegenspieler des Sympathikus ist das parasympathische Nervensystem, das für Entspannung und Ruhe sorgt. Auch dieses System durchzieht unseren gesamten Körper. Der zehnte Hirnnerv, auch Vagusnerv genannt, ist der größte Nerv dieses parasympathischen Systems. Er bildet die Verbindung vieler innerer Organe mit unserem Gehirn. Er ist beispielsweise für das wohlige und warme Gefühl im Bauch zuständig, wenn es uns gut geht, wir entspannt sind und uns rundherum wohlfühlen.

Dieses parasympathische Nervennetzwerk hat eine wichtige Funktion für unser seelisches und körperliches Gleichgewicht. Allerdings lässt es sich in einem permanenten Zustand der Anspannung und Erregung nicht so leicht aktivieren, was fatal ist für unseren Organismus und uns oftmals in einer krankmachenden Erregungsspirale gefangen hält, aus der es ohne Hilfe kein Entkommen gibt.

> Wer nicht jeden Tag etwas Zeitfür seine Gesundheit aufbringt, muss eines Tages sehr viel Zeit für die Krankheit opfern.
>
> SEBASTIAN KNEIPP

Eine solche Hilfe hat Mutter Natur anzubieten!

Viele Studien belegen, dass Aufenthalte in der Natur, oder oft auch nur das Betrachten der Natur, das parasympathische Nervensystem aktivieren, somit Stress und Angst reduzieren und Folgeerkrankungen vermeiden. Dazu muss man nicht unbedingt in die unberührte Wildnis. Auch Grünflächen mit lichten Baum- oder Buschbeständen können den Parasympathikus stimulieren. Derartige Grünflächen gibt es auch in Städten. Stadtparks bestehen aus Wiesen und einzelnen Bäumen und entsprechen somit den beschriebenen Grünflächen. Selbst größere Höfe in bebauten Gebieten erfüllen diese Kriterien. Deshalb ist es wichtig, diese Parks und Grünflächen zu erhalten und nicht zuzubetonieren.

Zahlreiche Studien weisen darauf hin, dass bereits das bloße Betrachten von Naturaufnahmen eine positive Wirkung auf unser Nervensystem haben. Der Anblick von Natur versetzt unser Gehirn in einen Modus der Entspannung und Regeneration.

Clemens Arvay beschreibt in seinem Buch "Wir können es besser" unter anderem ein besonders interessantes Experiment, durchgeführt an der Chonnam National University und der Kyung Hee University in Südkorea.

Dabei untersuchten die Verantwortlichen mit Hilfe eines bildgebenden Verfahrens die Reaktion des menschlichen Gehirns auf Naturaufnahmen im Vergleich zu Stadtaufnahmen. Dazu wurde vom Gehirn der Probanden ein dreidimensionales Abbild dargestellt und gemessen, wie aktiv die einzelnen Bereiche sind. Die Bilder wurden den Teilnehmern direkt während der Untersuchung vorgespielt. Es konnte festgestellt werden, dass in Summe die Naturreize die Aktivität in Gehirnarealen, die für positive Emotionen, Entspannung und regenerative Aufmerksamkeit zuständig sind, verstärkten. Stadtbilder hingegen aktivierten Areale, die mit Frustration, Anspannung und Alarmbereitschaft assoziiert sind.

Das bedeutet, um zu entspannen und abzuschalten, um Stress und Ängste als krankmachende Faktoren zu minimieren, ist die Natur eine wichtige Partnerin. Dazu müssen wir nicht unbedingt in die unberührte Wildnis. Es reichen Aufenthalte in Parks und parkähnlichen Anlagen, womit auch die meisten Stadtbewohner diese Möglichkeit in erreichbarer Nähe haben. Wer krankheitshalber oder aus anderen Gründen nicht hinausgehen kann und dennoch Entspannung und Regeneration sucht, hat die Möglichkeit durch Naturaufnahmen in Bildbänden oder auf dem Bildschirm diese zu erlangen. Natürlich kommt die “Indoor Nature” an die Wirkung des echten Ökosystems nicht heran, aber auch sie kann Stresssymptome und Ängste lindern.

Auch ein Blick aus dem Fenster, auf eine Blumenwiese, einen Wald oder auch nur auf einen Baum hat eine positive Wirkung auf unser Nervensystem. Heilungschancen werden dadurch wesentlich verbessert.

In der berühmten "Baumblickstudie" von Roger Ulrich konnte nachgewiesen werden, dass im Krankenhaus der Blick ins "Grüne" die Regeneration von Patienten nach Operationen fördert. Ulrich analysierte dabei 50 Patienten in einem Krankenhaus in Pennsylvania, die sich einer Gallenblasenoperation unterzogen. Die Hälfte der Probanden blickte durch das Krankenhausfenster auf eine Hauswand eines anderen Gebäudes und die andere Hälfte sah auf eine Grünfläche und einen Baum hinab. Das Ergebnis war, dass die Gruppe, die auf die Grünfläche mit Baum blickte, wesentlich früher entlassen werden konnte, eine schnellere Wundheilung hatte, weniger Schmerzmittel brauchte und in einem psychisch besseren Zustand war als die "Wandgruppe".

Heranzuziehen gäbe es noch vieles um noch exakter zu beweisen, dass die Natur, Pflanzen, Tiere, Berge, Seen, das Meer oder ein Sonnenuntergang in dem komplexen "System Mensch" einiges auslösen kann, das unseren Stress und unsere Angst lindert. Leider sind wir durch unsere Lebensumstände, durch vermehrt auftretende und zum Teil existenzielle Krisen, stark unterschiedlichen Stress- und Angstfaktoren ausgesetzt. Umso mehr sollten wir uns Zeit nehmen und die Natur aufzusuchen, um Kraft, Mut, Zuversicht zu schöpfen und um zu regenerieren. Den größten Effekt erreichen wir mit einer Abenteuerwanderung, einer Kombination der 3 Dimensionen Wandern, Abenteuer und Natur.

MUTTER NATUR, DIE GROSSE HEILERIN UND LEBENSSPENDERIN

Ein besonders wichtiges Argument, das wir nicht vergessen dürfen, ist, dass Pflanzen unsere Lebensgrundlage darstellen. Nicht nur als Nahrungsmittel, sondern weit darüber hinaus. Unser Atem ist unser Leben. Atmen ist für uns selbstverständlich. Das ist auch gut so, würden wir jeden Atemzug bewusst steuern müssen, hätten wir viel zu tun. Aber durch diese Selbstverständlichkeit haben wir ganz vergessen, wem oder was wir unsere Atemluft zu verdanken haben. Der Atem verbindet uns Menschen mit den Pflanzen. Eine weitere Verbundenheit mit der Natur. Die Pflanzen nehmen das von uns ausgeatmete Kohlendioxid auf und geben den für uns lebensnotwendigen Sauerstoff ab. Eine grandiose Symbiose. Die Pflanzen, speziell die Bäume über Wasser und die Algen unter dem Wasserspiegel, sind die grüne Lunge der Erde.

Die großartige Natur unserer Erde kann nicht nur, wie bereits beschrieben, die zwei krankmachenden Faktoren Stress und Angst lindern, sondern sie ist auch auf direktem Weg eine große und vielseitige Heilerin und Helferin.

Mit den wundersamen Eigenschaften von Mutter Natur und den Wirkungen, die diese auf uns Menschen haben, beschäftige ich mich schon seit vielen Jahren und ganz besonders intensiv seit meinen Abenteuerwanderungen. Diese natürliche Kraft ist ebenso unglaublich wie rätselhaft. Ich lade euch ein, mit mir in dieses Mysterium einzutauchen.

Ein Mysterium deshalb, weil vieles dabei nicht oder nicht ausreichend erklärbar ist und möglicherweise mehr dahintersteckt, als wir bisher wissen. Denken wir nur an unsere eigenen Erfahrungen. Vielleicht habt ihr die Wirkung von natürlichen Lebensräumen auf eure Stimmung und körperliche Verfassung ganz besonders während der Covid-19 Pandemie bemerkt. Ein Spaziergang im Grünen - und sei es nur in einem kleinen Park mitten in der Stadt - hat unsere Stimmung gehoben und so manche Sorge, zumindest für den Moment, verschwinden lassen. Wir fühlten uns durch solche Auszeiten fitter und konnten

Energie tanken. Natürlich hat das auch mit der im vorangegangenen Kapitel behandelten Stressreduktion zu tun, aber nicht nur. Es liegt möglicherweise auch an dem komplexen "System Natur", dem wir angehören. Wird ein Bestandteil eines Systems aus demselben herausgerissen, ist das möglicherweise für das ganze System nicht von großer Bedeutung, aber für diesen herausgerissenen Bestandteil sehr wohl. Wenn wir uns nun als diesen Bestandteil betrachten, wird klarer, warum wir ohne die Natur nicht gut leben können.

Der Aufenthalt in natürlichen Lebensräumen weckt nicht nur die Lebensgeister. Die positiven Wirkungen sind auch körperlich messbar. Bereits eine kleine Dosis täglich reicht oft schon aus.

Ein Team von Wissenschaftlern der Universität Exeter in Großbritannien hat festgestellt, dass eine Aufenthaltsdauer von lediglich zwei Stunden pro Woche im Wald bereits positive Auswirkungen auf unser Immunsystem hat.

Das Forschungsteam hat sich speziell mit der Länge des Aufenthalts in der Natur beschäftigt, die notwendig ist, um von signifikanten, positiven Effekten auf Wohlbefinden und Gesundheit sprechen zu können. Ihre Studie haben die Forscherinnen und Forscher in der Fachzeitschrift "Scientific Reports" veröffent-

licht. Jene Studienteilnehmer, die mindestens zwei oder mehr Stunden pro Woche draußen in der Natur verbrachten, waren wesentlich gesünder und glücklicher, als Menschen, die während einer Woche weniger oder gar keine Zeit draußen verbrachten. Die größten Auswirkungen zeigten sich bei 200 bis 300 Minuten pro Woche im Grünen.

Möglicherweise kommt euch jetzt der Begriff "Waldbaden" in den Sinn. Ihr habt vielleicht schon einmal davon gehört. Damit ist ein besonders achtsamer Aufenthalt im Wald gemeint. Achtsamkeit gegenüber der Waldatmosphäre, gepaart mit einer engen Verbundenheit zur Natur, die ohnehin nach einer gewissen Zeit im Wald entsteht. Waldbaden entschleunigt, heilt, schafft neue Perspekti-

Glaube mir, denn ich habe es erfahren, du wirst mehr in den Wäldern finden als in den Büchern. Bäume und Steine werden dich lehren, was du von keinem Lehrmeister hörst.

BERNHARD VON CLAIRVAUX

Wenn du in Harmonie
bist mit der Natur,
mit allen Lebewesen
um dich herum,
dann bist du in
Harmonie mit dir.

JIDDU KRISHNAMURTI

ven und bringt Energie und Freude. In vielen Berichten zu Untersuchungen ist das nachzulesen und bestätigt somit auch die Ergebnisse des britischen Forschungsteams der Universität Exeter und die These, dass wir als Bestandteil der Natur diese brauchen, damit es uns gut geht.

Der Ansatz des Waldbadens stammt aus Japan. "Shinrin Yoku", "Eintauchen in die Waldatmosphäre" nennt es sich dort. In Japan ist Shinrin Yoku bereits seit Jahrzehnten etabliert und sogar schulmedizinisch anerkannt. Es gehört dort offiziell zur Gesundheitsvorsorge und Ärzte verschreiben es auf Rezept. Die sogenannte "Waldmedizin" wird in Japan als eine eigene wissenschaftliche Disziplin an Universitäten gelehrt und erforscht.

Bestätigt wird das auch durch die Untersuchungen von Rachel T. Buxton von der kanadischen Carleton University. Sie hat in ihrer, im Fachmagazin "Proceedings of the National Academy Sciences oft the United States of America" publizierten Metaanalyse, die Wirkung von Naturgeräuschen auf uns Menschen überprüft. Ergebnis: Die Klänge der Natur wirken sich heilsam auf viele körperliche und psychische Beschwerden aus und beeinflussen sogar die kognitive Leistungsfähigkeit positiv.

Clemens Arvay hat sich mit der jungen Wissenschaft der Öko-Immunologie beschäftigt und schreibt dieser Wissenschaftszweig erkennt, wie wichtig Naturkontakt für uns Menschen und unser Immunsystem ist.

Die Hintergrundimmunität eines Menschen, also alle Immunzellen und Immunproteine, die seit Geburt aktiv sind und ständig neu gebildet werden, spielt eine große Rolle bei der Vermeidung von Infektionskrankheiten. Die sogenannten Killerzellen und die Fresszellen gehören zu diesem angeborenen Abwehrsystem. Wenn wir umgangssprachlich von einem starken Immunsystem sprechen, meinen wir damit die Hintergrundimmunität.

Der Aufenthalt in Grünräumen aktiviert beispielsweise den Parasympathikus und stärkt unsere Hintergrundimmunität.

Von großer immunologischer Bedeutung sind dabei Terpene, die größte Gruppe der sekundären Pflanzenstoffe. Dabei handelt es sich um "Sozialmoleküle" der Pflanzengesellschaften, die der Immunabwehr des gesamten pflanzlichen Ökosystems dienen. Wird ein Baum oder eine Pflanze von einem Schädling angegriffen, bildet das pflanzliche Immunsystem Terpene als Abwehrstoffe, die sich in der Waldluft befinden. Ein intaktes Ökosystem kann sich dadurch wie ein geschlossener Organismus schützen.

Eine Studie der Nippon Medical School, einer renommierten medizinischen Universität in Tokio, wies nach, dass der Aufenthalt im Wald unsere Hintergrundimmunität verstärkt. Das Ergebnis der Studie zeigte, dass ein Tag im Wald den Gehalt und die Aktivität der natürlichen Killerzellen im Blut um 40 Prozent steigerte und diese Wirkung eine Woche lang anhielt. Bei einem zweitägigen Aufenthalt stieg sie um 50 Prozent an und hielt einen Monat. Es wurde in einer weiteren Untersuchung herausgefunden, dass bei Waldspaziergängen ein signifikanter Anstieg der Immunproteine Perforin, Granulysin und Granzyme zu beobachten war. Diese Proteine sind bei der Abtötung von Zellen, die von Viren befallenen sind, von großer Bedeutung.

Der Wald hält neben den Terpenen noch weitere bioaktive Substanzen für uns bereit, die unsere Hintergrundimmunität nachweislich stärken:

Elektroaerosole, die nach Regen in hoher Konzentration in der Waldluft vorhanden sind und Bodenbakterien, speziell das Mykobakterium Vaccae.

Terpene, Elektroaerosole und Bodenbakterien sind das "heilsame Trio" des Waldes.

In der Natur finden wir noch viele andere geheimnisvolle Heilkräfte. Zahlreiche Gewächse und selbst Pflanzen, die wir als Unkraut verspotten wie den Löwenzahn, die Brennnessel, das Knopfkraut oder die Vogelmiere und viele mehr, haben eine Heilkraft. Mittlerweile besinnen sich immer mehr Menschen dieser Pflanzen und Heilkräuter. Altes, längst verloren geglaubtes Wissen gerät wieder zum Vorschein. Die Natur hält eine gut gefüllte Apotheke für uns bereit.

Viele Medikamente, die wir heute ständig zu uns nehmen, haben ihren Ursprung in der Natur. Würden derartige Arzneien industriell nicht mehr produziert werden, könnten wir in vielen Bereichen auf die heilsame Natur zurückgreifen.

Einige Pflanzen haben auch noch andere Geheimnisse parat. Sie bringen die Menschen durch ihre psychoaktive Wirkung in eine andere Welt. In eine Welt der Geister und Erscheinungen und oft auch in eine, der Dämonen. Bei naturverbundenen Völkern wurden solche Pflanzen rituell verwendet und waren Bestandteil ihrer Kultur. Sie konnten damit umgehen, weil diese Rituale und die Substanzen, die sie dabei zu sich nahmen, stark in ihrem spirituellen Leben verankert waren. Es war nicht so, dass ein Stammesmitglied aus Langeweile oder um sich in Stimmung zu bringen derartige Pflanzen zu sich nahm. Nein, ein solcher Konsum erfolgte nach strengen Riten. In unserer modernen Gesellschaft, herausgerissen aus den alten Kulturen, ist mit diesen Gewächsen große Vorsicht geboten. Sie können sich zur Büchse der Pandora entwickeln. Manche von ihnen sind ab einer gewissen Dosis extrem giftig und tödlich, viele können psychische Erkrankungen auslösen, weswegen einige solcher Pflanzen auch gesetzlich verboten wurden.

Ihr kennt vielleicht Geschichten von amerikanischen Ureinwohnern, die sich bis heute noch bei bestimmten Festen mit dem Meskalin des Peyote Kaktus berauschen. Auch bei diesen Kulturen hat das einen stark kulturbedingten und spirituellen Hintergrund, weshalb auch nur sie diese grundsätzlich verbotene Substanz zu sich nehmen dürfen.

Sicherlich habt ihr auch schon von "Magic Mushrooms" gehört. Das ist eine ganze Gruppe von Pilzen, die Psilocybin enthalten und eine stark halluzinogene Wirkung haben und deren Konsum gefährlich sein und Psychosen auslösen kann. Stechapfel, Muskatnuss, Engelstrompete, Hanf, Hortensie, Windengewächse, Fliegenpilz und viele mehr sind Pflanzen, die eine psychoaktive Wirkung auf

uns Menschen haben und in früheren Kulturen mehr oder weniger bei spirituellen Ritualen eingesetzt wurden und dort eine wichtige Rolle spielten und somit ihre Berechtigung hatten. Heute, wo wir diese Beziehung zu derartigen Gemeinschaften, Ritualen und leider auch zur Natur verloren haben, ist von einem Konsum dieser Pflanzen abzuraten. Sie sind nicht dazu da, sich zu betäuben oder aufzuputschen, nur um sich besser zu fühlen. Das wäre eine sehr gefährliche Anwendungsart, die zwangsläufig zu einer Abhängigkeit führen würde. In den alten Kulturen hatte der Konsum solcher Substanzen einen anderen, tiefen und spirituellen Sinn.

Ein besonders wichtiges Argument, das wir nicht vergessen dürfen, ist, dass Pflanzen unsere Lebensgrundlage darstellen. Nicht nur als Nahrungsmittel, sondern weit darüber hinaus. Unser Atem ist unser Leben. Atmen ist für uns selbstverständlich. Das ist auch gut so, würden wir jeden Atemzug bewusst steuern müssen, hätten wir viel zu tun. Aber durch diese Selbstverständlichkeit haben wir ganz vergessen, wem oder was wir unsere Atemluft zu verdanken haben. Der Atem verbindet uns Menschen mit den Pflanzen. Eine weitere Verbundenheit mit der Natur. Die Pflanzen nehmen das von uns ausgeatmete Kohlendioxid auf und geben den für uns lebensnotwendigen Sauerstoff ab. Eine grandiose Symbiose.

Die Pflanzen, speziell die Bäume über Wasser und die Algen unter dem Wasserspiegel, sind die grüne Lunge der Erde. Erst sie haben es ermöglicht, dass tierisches und menschliches Leben in der Form, wie wir es kennen, möglich wurde. Eine ausgewachsene Buche atmet an einem Tag mehrere Tausend Liter Sauerstoff aus. Damit kann der Bedarf an Atemluft für mehrere Menschen gedeckt werden.

Erwin Thoma hat dieses Wunder in seinem Buch "Strategien der Natur" sehr gut beschrieben. Bäume waren die wesentlichen Geburtshelfer für uns Menschen. Ihre mächtigen, tonnenschweren Stämme benötigten große Mengen an CO2 aus der Luft. Viel mehr als vorher vom niederen Gras und einjährig gewachsenen Kraut eingeatmet wurde. In den 350 Millionen Jahren bis zum Erscheinen der Säugetiere geschah es immer wieder, dass ganze Wälder überflutet und von Bergstürzen begraben wurden oder auf irgendeine andere Weise in das Innere der Erde verschwanden. Mit diesen Holzeinlagerungen wurden Milliarden Tonnen an CO2 aus der Atmosphäre genommen und im Erdinneren gebunden. Dort unten, tief in der Erde, oft unter Meeresböden oder unter neu aufgefalteten Bergrücken, verwandelten sich unter Luftabschluss und Druck überschwemmte Wälder, verschüttete Baumstämme und überwachsene Biomasse langsam in neue, immer größere Kohle-, Erdöl- und Erdgaslager. Je mehr CO2 die Bäume auf diese Weise im Inneren des Planeten einlagerten, desto milder wurde das Klima. Was die grünen Bodenpflanzen eingeleitet hatten, das vollendeten die Bäume, die Wälder in viel größerem Umfang. Stürme beruhigten sich. Temperaturextreme und Schwankungen fielen milder aus, die Welt wurde lebensfreundlicher, sie wurde von den Bäumen so weit vorbereitet, dass Säugetiere, dass wir Menschen in unserer ganzen anfänglichen Schutzlosigkeit die Erde betreten und unseren Lebensweg beginnen konnten.

Die Pflanzen und letztendlich die Wälder haben Gigantisches geleistet. Wir müssen uns vor Augen führen, dass heute in allen Pflanzen auf unserem wunderbaren Planeten wesentlich mehr Kohlenstoff eingelagert ist, als gasförmig frei durch die Atmosphäre schwebt. Ohne diesen riesigen, pflanzlichen Kohlenstoffspeicher könnten wir Menschen keinen Tag auf diesem Planeten leben. Wäre der Kohlenstoff, der in jedem Baum, jedem Strauch und jedem Grashalm eingelagert ist, in der Luft, dann hätten wir apokalyptische Zustände und die Erde wäre nicht mehr bewohnbar.

Die Bedeutung unserer Verbundenheit mit der Natur, das Zusammenspiel zwischen Pflanzen, Tieren und Menschen, dem Wetter, dem Klima und alles, was damit in Verbindung steht, wurde mir bei meinen Wanderungen bewusst. Diese Verbundenheit ist unser Leben, unsere Gesundheit und unser Glück. Deshalb ist wohl die Natur die mächtigste Dimension beim Abenteuerwandern.

MUTTER NATUR UND UNSER (ÜBER-)LEBEN

Es ist doch so, dass wir alle einen großen Sinn in unserem Leben sehen, wenn wir Gutes bewirken. Wenn wir beispielsweise die Kraft, die Motivation und das Durchhaltvermögen aufbringen, um gegen oftmals andere Meinungen, mitzuhelfen unseren Planeten und somit uns selbst zu erhalten und zu bewahren.
Mitzuhelfen, die Erde gesund zu erhalten und somit Pflanzen, Tiere und letztendlich auch unsere Art und somit unsere Nachkommen zu schützen, ist doch eine wahrlich sinnvolle und statthafte Aufgabe. Achten wir auf die Dimension Natur als Heilerin, Lehrmeisterin, Lebensspenderin und Sinnstifterin! Denken wir immer daran: Alles ist mit allem verbunden.

Die menschliche Kultur - wer wir sind - wird auch durch unsere Beziehung zur Natur charakterisiert. Von Epoche zu Epoche veränderte sich diese Beziehung und verlor an Bedeutung. Waren wir einst Jäger und Sammler, begannen wir vor etwa 10.000 Jahren Feldfrüchte anzubauen und Wildtiere zu domestizieren. Damit kam die Sesshaftigkeit. Dann kamen erste, einfache Maschinen, die uns die Arbeit erleichterten. Danach begann das Industriezeitalter und jetzt sind wir mitten in der digitalen Zeit angekommen, in der ohne Computer kaum noch etwas möglich ist.

Unser derzeitiges Verhältnis zu Mutter Natur lässt sich als sehr schwierig bezeichnen und ist zu einem großen Teil von Ignoranz, Missachtung und Profitgier geprägt. Es scheint, als hätten wir vergessen, was für unsere Vorfahren selbstverständlich war, die Natur als Lebensgrundlage zu achten, sie zu schützen und mit der Schöpfung im Einklang zu leben. Vieles haben wir in den letzten 200 Jahren beschädigt und vieles ging unwiederbringlich verloren. Das macht mich zutiefst traurig und zerreißt mir das Herz. Wenn auch ihr euer Herz für unsere Erde geöffnet habt, wird es euch möglicherweise ähnlich gehen. Überall begegnen wir einer fortschreitenden Zerstörung unserer natürlichen Umwelt. Naturbelassene Strände, abseits vom Tourismus, die früher Geheimtipps waren, sind heute Müllhalden. Wir finden dort beinahe mehr Plastik als Sandkörner. Jahrtausende alte Urwälder fallen Rodungen zum Opfer. Das Ergebnis ist, dass durch Wind, Erosion und Monokulturen dieser ursprünglich fruchtbare Waldboden zur Einöde wird. Straßen werden gebaut, bis

Die Natur ist ein einzigartiges und atemberaubendes Wunder.
Trotzdem benehmen wir uns auf diesem Planeten
in einer Art und Weise, die der Natur nachhaltig schadet.
Wir sind über die Welt hergefallen.
Unser Planet steuert auf eine Katastrophe zu.
Wir müssen lernen, im Einklang mit der Natur zu leben,
anstatt gegen sie.

SIR DAVID ATTENBOROUGH

hinein in die dichten Wälder, um dort bequem vom Doppeldeckerbus aus die Wildnis betrachten zu können. In vielen Regionen weltweit, wo bis vor einigen Jahren dichte Wälder standen, fährt man heute auf breiten Pisten stundenlang durch Monokulturen. Riffe, die durch Farbenpracht und Vielfalt glänzten, "erstrahlen" heute in einem toten Weiß. In Wüstenregionen, die sich in der Nähe von Zivilisationen befinden, sind Sträucher und Dornengebüsche im Umkreis von vielen Kilometern mit Plastikfolien und Plastiksäcken dekoriert.

Der vietnamesische Mönch Thich Nhat Hanh meinte auf die Frage, was man tun könne, um die Erde zu retten: „Wir müssen in uns hineinhorchen, um zu hören, wie die Erde weint." Viele Menschen hören dieses Wehklagen nicht. Sie verstehen nicht, wie besorgniserregend der Zustand unserer Natur und unseres Planeten insgesamt ist. Sie tun diese Sorgen ab, als wäre die Natur mit ihren Tieren und Pflanzen ein hinderliches und verzichtbares Nebenprodukt unseres Daseins, das jedwedem Fortschritt im Weg stehen würde. Jedoch ist die Natur so viel mehr als "nur" Tiere und Pflanzen. Sie ist al-

les, was uns ausmacht, sie ist unser Ursprung, unsere Gesundheit und unser Leben. Wir sind gerade im Begriff, uns diese Lebensgrundlage zu entziehen. Gäbe es dafür mehr Verständnis, würde sich vieles zum Positiven ändern. Es wäre höchst an der Zeit.

Dass unser Planet, die Erde, Krankheitssymptome zeigt, lässt sich mittlerweile nicht mehr anzweifeln. Unumstritten ist der extrem schnelle Rückgang der Gletscher durch die rasante Erderwärmung, das rasante Artensterben, die Vermüllung der Ozeane, die ungebremste Abholzung der Regenwälder, der ungebremste CO_2 Ausstoß und vieles mehr. Unsere Erde ist krank. Aber was bedeutet das für uns Menschen?

Jede Krankheit birgt auch eine Chance. Eine Krankheit kann besiegt werden, mit einem unbändigen Lebenswillen und mit einer radikalen Veränderung des bisherigen krankmachenden Verhaltens. Beides hängt zusammen. Um Veränderungen anzugehen und konsequent durchzuziehen, braucht es ein großes Maß an Motivation und Durchhaltevermögen. Antrieb dafür ist dieser unbändige (Über-)lebenswille. Wir müssen die Natur und uns als Einheit begreifen. Verletzen wir unsere Umwelt, verletzen wir uns selbst. Die Natur, unsere Erde, sind wir. Wir Menschen sind auch nur eine Art, auch wir können verschwinden, unwiederbringlich. Wenn wir das erkennen, werden wir unser Verhalten schnell ändern. Jede Kilowattstunde, gewonnen aus Sonnen- oder Windenergie, muss uns willkommener sein, als Energie aus schmutzigen, fossilen Brennstoffen. Es ist nicht so, dass uns zur ökologischen Transformation der Erde das Wissen und die technischen Möglichkeiten fehlen würden. Eher wohl der Wille und die Erkenntnis.

Was wünschen wir uns in unserem kurzen Dasein auf diesem Planeten? Reichtum oder Macht? Oder doch eher ein gutes, gesundes und sinnvolles Leben?

Aus der Glücksforschung wissen wir, dass das Gefühl, im Großen und Ganzen ein sinnvolles Leben zu führen, ein ganz wichtiger und wesentlicher Faktor für Gesundheit und Zufriedenheit ist. Einen Sinn im eigenen Leben zu sehen, ist häufig ein großer Wunsch und gleichzeitig eine große Herausforderung für uns Menschen. Reichtum und Macht sind keine sinnstiftenden Faktoren. Im Gegenteil! Sie decken jede Erkenntnis zu und behindern uns auf der Suche nach dem Sinn des Lebens.

Es ist doch so, dass wir alle einen großen Sinn in unserem Leben sehen, wenn wir Gutes bewirken. Wenn wir beispielsweise die Kraft, die Motivation und das Durchhaltvermögen aufbringen, um gegen oftmals andere Meinungen mitzuhelfen, unseren Planeten und somit uns selbst zu erhalten und zu bewahren.

Mitzuhelfen, die Erde gesund zu erhalten und somit Pflanzen, Tiere und letztendlich auch unsere Art und somit unsere Nachkommen zu schützen, ist doch eine wahrlich sinnvolle und statthafte Aufgabe. Achten wir auf die Dimension Natur als Heilerin, Lehrmeisterin, Lebensspenderin und Sinnstifterin! Denken wir immer daran: Alles ist mit allem verbunden.

Ich befinde mich in Taumarunui auf der Nordinsel Neuseelands und habe ungefähr 2000 Kilometer des Te Araroa Trails bewältigt. 1000 Kilometer liegen noch vor mir. Nach meinen bisherigen, fantastischen Erlebnissen steht mir nun ein Abschnitt bevor, der ein Denkmal gegen die Ausbeutung unserer Wälder ist. Ich trockne in einer kleinen und einfachen Lodge in Taumarunui meine patschnassen Sachen und verbringe dort zwei erholsame Nächte in einem warmen Bett. Der Whanganui River liegt hinter mir, und er hatte es in sich. Fünf Tag im Kajak bei Regen und bei Sonnenschein. Nächte im Zelt, am Ufer des Flusses. Die Kleidung und die Ausrüstung wurden während dieser Zeit nie richtig trocken. Es war sehr anstrengend. In der Lodge bereite ich mich nun auf den nächsten Abschnitt vor, den Timber Trail im Pureora Forest Park. Dieser Naturpark ist ein Mahnmal für den Raubbau an der Natur und gleichzeitig ein Beispiel dafür, wie dieser Raubbau Schritt für Schritt wieder gutgemacht werden kann. Der Wald in dieser Region wurde bis in die 1980er Jahre massiv ausgebeutet. Eine Eisenbahn wurde bis tief in die Wildnis gebaut, um das geschlägerte Holz der Baumriesen heraus zu transportieren. Die Eisenbahn ist nun längst eingestellt, wobei einige Brücken und Gleisfragmente noch an diese Zeit erinnern.

Mittlerweile steht der Wald unter striktem Naturschutz und eine massive Aufforstung ist im Gange. Dieses Naturschutz- und Renaturierungsprojekt hat mich sehr beeindruckt. Einen wesentlichen Beitrag dazu hat das in den 80er Jahren geschaffene Departement of Conservation geleistet. Dieses Amt steht für Naturschutz, Artenschutz und Wiederaufforstung und wurde von der neuseeländischen Regierung ins Leben gerufen. Eine beeindruckende Initiative seitens der Regierung, die von der Bevölkerung voll und ganz mitgetragen wird.

Was wir heute tun,
entscheidet darüber,
wie die Welt morgen
aussieht.

MARIE VON EBNER-ESCHENBACH

Epilog

Ich habe einen besonderen und unkonventionellen Weg der Heilung und Genesung gewählt und damit mein Krebskarzinom besiegt. Im Nachhinein gesehen war meine Motivation, geboren aus der tiefen und unerschütterlichen Überzeugung, selbstbestimmt den Krebs besiegen zu können, das Entscheidende für meine Heilung. Daraus wurden viele Prozesse eingeleitet, die mich auf einen guten Weg führten. Dafür bin ich sehr dankbar. Einen sehr großen Anteil daran hatten meine Abenteuerwanderungen. Den hatten sie aber nicht nur an meiner Heilung, sondern auch an einer Entwicklung die weit größer ist als diese Genesung. Sie führten mich an den Beginn einer großen und spirituellen Reise, deren Ausmaß ich noch gar nicht zu erahnen vermag.

Die Dimensionen von solchen Wanderungen können unglaubliche Entwicklungen herbeiführen und auf einen sinnstiftenden und heilenden Weg führen. Seither weiß ich: Alles ist möglich!

Wie bereits am Anfang des Prologs beschrieben, gab es in meinem Leben eine Zeit voll mit widrigen Lebensumständen. Besonders schlimm war unter anderem im Jahr 2017 die Diagnose Prostatakrebs. Das war für mich ein großer Schock, aber ich war bereits damals intuitiv der Überzeugung, dass ich aus eigenem - ohne Operation und ohne der Einnahme von Medikamenten - diesen Krebs besiegen konnte, war er doch noch in einem sehr frühen Stadium. Mein damaliger Arzt und auch mein Urologe empfahlen mir dringend, mich operieren zu lassen. Ich entschied mich jedoch zu einer Beobachtung des Karzinoms in meiner Prostata, machte regelmäßige Blutuntersuchungen, unterzog mich Biopsien und machte jährlich eine Magnetresonanztomographie. Für mich war das Absicherung genug, war ich, trotz der Warnungen von Ärztinnen und Ärzten, eben dieser unerschütterlichen Überzeugung, den Krebs durch Änderung meines Lebensstils besiegen und mich selbst heilen zu können.

Eine Radikalremission, so wird die unerwartete Rückbildung eines Karzinoms genannt, würde so gut wie nie vorkommen, wurde mir kopfschüttelnd mitgeteilt, sobald ich mein Vorhaben und meine Überzeugung hinsichtlich Heilung äußerte. Dabei wurde ich betrachtet wie ein Spinner, der sein Leben leichtfertig wegwarf. Aus diesem Grund behielt ich ab einem gewissen Zeitpunkt mein Vorhaben für mich und sprach nicht mehr über meine Krebserkrankung. Interessanterweise wurde

ich von meinem Umfeld auch nicht mehr danach gefragt. Es schien so, als hätte es diese Diagnose nie gegeben.

Ich begann, mich intensiv mit autogenem Training zu beschäftigen, versuchte Stress zu reduzieren, entdeckte mehr und mehr die Natur für mich und...

...ich fing an zu Wandern.

Ich spürte die Kraft der Natur und bemerkte bei meinen Aufenthalten, je herausfordernder, unvorhersehbarer, länger und abenteuerlicher meine Ausflüge und Wanderungen waren, desto intensiver und nachhaltiger war auch die Wirkung, bestehend aus einer Mischung aus Zuversicht, Zufriedenheit, Mut und Gelassenheit.

All das bestärkte mich Ende des Jahres 2017 zu meiner langen, anstrengenden und einsamen Abenteuerwanderung durch Neuseeland, am anderen Ende der Welt, und später zu weiteren Abenteuern in Lappland, auf den Kanarischen Inseln und natürlich auch in meinem Heimatland, dem schönen und unvergleichlichen Österreich.

Bereits im Jahr 2018, kurz nach meiner Wanderung durch Neuseeland, gab es im Zuge einer Biopsie der Prostata Anzeichen, dass sich das Karzinom verkleinerte. Die Ärztinnen und Ärzte, mit denen ich sprach, taten das als Zufall ab und meinten, mit einer Biopsie könnte eine Verkleinerung des Karzinoms nicht festgestellt werden und rieten mir wieder zu einer baldigen Operation. Ich sah das jedoch anders. Für mich war das Ergebnis der Biopsie eine Bestätigung des Weges, auf dem ich mich befand. Diese Bestätigung gab mir noch mehr Kraft und verstärkte den Glauben an meine Genesung.

Im Jänner 2021 war es dann soweit. Mein behandelnder Arzt, der einzige dem ich vertraute, der mir in dieser Zeit zur Seite stand und mich bei meinem Vorhaben mit all den beschriebenen Vorsichtsmaßnahmen unterstützte, meinte zu mir: „Herr Wiednig, sie können den Champagner öffnen, das Karzinom ist verschwunden." Ich wäre ihm damals am liebsten um den Hals gefallen.

Die Ergebnisse aus einer abschließenden Biopsie und einer parallel durchgeführten Magnetresonanztomographie bestätigten dies: Der Krebs war weg!

Ich hatte intuitiv, aus einer tiefen inneren Eingebung heraus, genau das Richtige gemacht.

Ich weiß mittlerweile, dass Radikalremissionen zwar selten, aber doch vorkommen. Leider werden diese Fälle kaum oder zu wenig dokumentiert, geschweige denn untersucht. Warum das so ist, darüber lässt sich nur mutmaßen. Aber scheinbar ist die Schulmedizin mit ihren Medikamenten, Bestrahlungen und Chemotherapien ein sicherer, gewohnter und als bewährt erachteter Haltegriff. Alternativen werden nur selten in Betracht gezogen.

Meine Absicht ist es nicht, einen einzigen und richtigen Weg aufzuzeigen. Was bei mir geholfen hat, muss nicht bei anderen helfen. Vorstellungen, Einstellungen und Überzeugungen können recht unterschiedlich sein, sind jedoch sehr entscheidend. Eine tiefe Überzeugung braucht es jedenfalls, um Dinge voranzutreiben und um gesund zu werden. Denken wir nur an die Wirkungen des Placebo Effekts, ein anerkanntes und gut untersuchtes Phänomen.

Am besten untersucht und auch bewährt sind jedenfalls die Methoden der herkömmlichen Schulmedizin und ich werde mich hüten, diese Methoden in Frage zu stellen. Ich möchte euch als interessierte Leserinnen und Leser in diesem Nachsatz lediglich meine Geschichte erzählen und aufzeigen, was alles möglich ist. Jedenfalls wünsche ich mir, dass die Medizin und Forschung Radikalremissionen mehr Aufmerksamkeit schenken würde. Wertvolle Erkenntnisse könnten dabei gewonnen werden.

Ich habe einen besonderen und unkonventionellen Weg der Heilung und Genesung gewählt und damit mein Krebskarzinom besiegt. Im Nachhinein gesehen war meine Motivation, geboren aus der tiefen und unerschütterlichen Überzeugung, selbstbestimmt den Krebs besiegen zu können, das Entscheidende für meine Heilung. Daraus wurden viele Prozesse eingeleitet, die mich auf einen guten Weg führten. Dafür bin ich sehr dankbar. Einen sehr großen Anteil daran hatten meine Abenteuerwanderungen. Den hatten sie aber nicht nur an meiner Heilung, sondern auch an einer Entwicklung, die weit größer ist als diese Genesung. Sie führten mich an den Beginn einer großen und spirituellen Reise, deren Ausmaß ich noch gar nicht zu erahnen vermag.

Die Dimensionen von solchen Wanderungen können unglaubliche Entwicklungen herbeiführen und auf einen sinnstiftenden und heilenden Weg führen. Seither weiß ich:

Alles
ist möglich!

AUSGEWÄHLTE LITERATUR

ALLEN. R. (2021). Draussen. Zurück zur Natur und zu die selbst. München: Knesebeck GmbH & Co Verlag.

ARVAY. C. G. (2020). Wir können es besser. Köln: Bastei Lübbe Verlag.

BAUER. J. (2014). Prinzip Menschlichkeit, warum wir von Natur aus kopieren. Hamburg: Hoffmann und Campe Verlag.

BAUER. J. (2013). Schmerzgrenze. Vom Ursprung alltäglicher und globaler Gewalt. München: Wilhelm Heyne Verlag.

BERNHARDT. K. (2016). Panikattacken und andere Angststörungen loswerden. Wie die Hirnforschung hilft, Angst und Panik für immer zu besiegen. München: Ariston Verlag.

BUXTON. R. T., PEARSON. A. L., ALLOU. C. (2021). A synthesis of health benefits of natural sounds and their distribution in national parks. https://www.pnas.org/doi/full/10.1073/pnas.2013097118

COHEN. S., TYRELL. D., SMITH. A. (1991). Psychological Stress and Susceptibility to the Common Cold. In New England Journal of Medicine 325.

CSIKSZENTMIHALYI. M. (1992). Flow. Das Geheimnis des Glücks. Stuttgart: Cotta Verlag.

GESUNDHEITSFÖRDERUNG. SCHWEIZ. HRSG. (2016). Psychische Gesundheit über die Lebensspanne. Grundlagenbericht.

FISCHER-RIZZI. S. (2015). Mit der Wildnis verbunden. Zwölf Wege in die Natur: Kraft schöpfen, sich sicher in der Natur bewegen. Stuttgart: Franckh-Kosmos Verlags GmbH.

HAINZL. ST. (2022). Comeback. Mein Weg zurück ins Leben. Wien: edition a Verlag.

HUBER. J. (2022). Die vier Quellen der Jugend. Holistisches Anti-Aging. Wien: edition a Verlag.

KAGGE. E. (2021). Philosophie für Abenteurer. Berlin: Insel Verlag.

KOCH-WESER. S., V. LÜPKE. G. (2000). Vision Quest. Visionssuche, allein in der Wildnis auf dem Weg zu sich selbst. Kreuzlingen-München: Heinrich Hugendubel Verlag.

LINN. D. (2003). Praxisbuch Vision Quest. Selbstfindung in der Einsamkeit der Natur. Berlin: Lüchow Verlag.

LIPTON. B. H. (2016). Intelligente Zellen. Wie Erfahrungen unsere Gene steuern. Koha Verlag.

LYNCH. B. (2018). Dirty Genes. A Breakthrough Programm to Treat the Root Cause of Illness and Optimize your Health. Kandern: Narayana Verlag.

MACEDONIA. M. (2018). Beweg Dich. Und Dein Gehirn sagt danke. Wien: Brandstätter Verlag.

MINAR. E, STEKOVIC S. (2022). Lebensmotor Bewegung. Die Wissenschaft erklärt den Körper-Code des Menschen. Wien: Carl Ueberreuter Verlag.

MUELLER. J., MUTZ. M. (2020). Vom Erlebnis zum Ergebnis: Zur Wirkungsweise abenteuer- und erlebnispädagogischer Jugendfreizeiten. In Zeitschrift für Erziehungswissenschaften. Springer Verlag.

THOMA. E. (2022). Strategien der Natur. Wie die Weisheit der Bäume unser Leben stärkt. München: Knaur Leben Verlag.

SCHIEMANN. G. HRSG. (1996). Was ist Natur. Klassische Texte zur Naturphilosophie. München: Deutscher Taschenbuchverlag.

SCHIRM-GASSER. G. (2016). Interview mit Psychiater Michael Winterhoff. In Blick Onlinemedium. https://www.blick.ch/life/gesundheit/medizin/psychiater-michael-winterhoff-warnt-vor-digitaler-ueberforderung-wir-ueberladen-unser-hirn-staendig-id5240464.html

SENNINGER. T. (2000) Abenteuer leiten. In Abenteuern lernen. Münster: Ökotopia Verlag.

SPEKTRUM DER WISSENSCHAFT. https://www.spektrum.de/lexikon/philosophie/natur/1388. Heidelberg: Spektrum der Wissenschaft Verlagsgesellschaft mbH.

STRUNZ. U. (1999). Forever Young. Das Erfolgsprogramm. München: Gräfe und Unzer Verlag.

STRUNZ. U. (2021). 77 Tipps für Rücken und Gelenke. München: Wilhelm Heyne Verlag.

SUSSMAN. A., GOODE. RUTH (1980). The Magic of Walking. Simon & Schuster.

THOMASHOFF. H.O. (2017). Das gelungene Ich. Die vier Säulen der Hirnforschung für ein gelungenes Leben. München: Ariston Verlag.

TURNER. K. A. (2020). 9 Wege in ein krebsfreies Leben. Wahre Geschichten von geheilten Menschen. München: Irisiana Verlag.

VOGELEY. M. (2019). Fernwanderwege in Europa. 24 traumhafte Touren vom Nordkap bis zum Mittelmeer. Bruckmann Verlag.

WARNKE, U. (2013). Quantenphilosophie und Interwelt. Der Zugang zur verborgenen Essenz des menschlichen Wesens. München: Scorpio Verlag

WARNKE, U. (2017). Die Öffnung des 3. Auges. Quantenphilosophie unseres Jenseits-Moduls. München: Scorpio Verlag

WIEDNIG. R. (2022). Das Geheimnis des Conviction Effects. Die Macht der eigenen Überzeugung. Wien: Buchschmiede Verlag.

WIEDNIG. R., LANG. T. (2005). Handout zum Studienauftrag Visionssuche. Linz